INSTITUT D'ACTION FRANÇAISE.

Chaire Rivarol. — 1907

L. DIMIER

LES PRÉJUGÉS ENNEMIS DE L'HISTOIRE DE FRANCE

> L'histoire imparfaitement observée nous divise : c'est par l'histoire mieux connue que l'œuvre de conciliation doit commencer.
>
> FUSTEL DE COULANGES.

TOME PREMIER

NOUVELLE
LIBRAIRIE NATIONALE

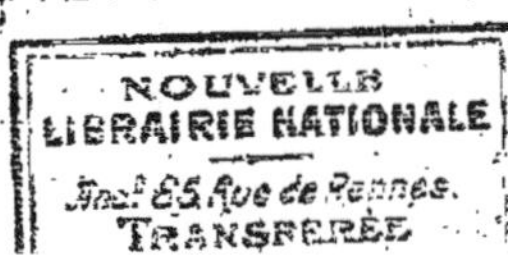

LES

PRÉJUGÉS ENNEMIS

DE L'HISTOIRE DE FRANCE

DU MÊME AUTEUR :

La Souricière, roman, in-12, Perrin, éditeur.

Prolégomènes à l'Esthétique, in-8°, à la Librairie des Saints-Pères.

Le Primatice peintre, sculpteur et architecte des Rois de France, in-8°, Leroux, éditeur.

Benvenuto Cellini à la Cour de France, recherches nouvelles, in-8°, Leroux, éditeur.

French Painting in the XVI. century, in-12 illustré, Duckworth, Londres.

Les Impostures de Lenoir, in-12, Sacquet-Schemit, éditeur.

Le Portrait du XVIe siècle aux Primitifs Français, in-8°, Schemit, éditeur.

Impressions d'un Révoqué, brochure in-12, Librairie des Saints-Pères.

La Vie et les bonnes œuvres du Commandant Chatelain, in-12, Librairie des Saints-Pères.

Choix des Moralistes français du XVIIe, du XVIIIe et du XIXe siècle, in-12, Poussielgue, éditeur.

Extraits de Voltaire et des principaux Prosateurs du XVIIIe siècle, in-12, Poussielgue, éditeur.

Les Maîtres de la Contre-Révolution au XIXe siècle. — Leçons données à l'Institut d'Action française, Chaire Rivarol, février-juin 1906, in-18, Librairie Nationale.

INSTITUT D'ACTION FRANÇAISE.

Chaire Rivarol. — 1907

L. DIMIER

LES PRÉJUGÉS ENNEMIS DE L'HISTOIRE DE FRANCE

L'histoire imparfaitement observée nous divise : c'est par l'histoire mieux connue que l'œuvre de conciliation doit commencer.

FUSTEL DE COULANGES.

TOME PREMIER

NOUVELLE
LIBRAIRIE NATIONALE
85, RUE DE RENNES
PARIS

À CHARLES MAURRAS

en hommage amical des idées que lui doit ce livre.

INTRODUCTION

L'HISTOIRE DE FRANCE ET LA RÉVOLUTION

Je me suis dit et cru républicain. Cependant j'ai toujours haï la Révolution de tout mon cœur.

La bassesse de ses sentiments, l'imbécillité de ses doctrines, sa stupide emphase, sa vantardise, m'ont fait horreur plus que sa férocité. Rousseau en elle m'est insupportable. Toute l'époque reproduit en détail et avec la plus grande fidélité les traits de ce malheureux. Surtout je détestais l'infatuation inouïe qui, mettant ses disciples au-dessus de tous les siècles, les érigeant en juges du genre humain, confiait la revision de l'histoire à des cervelles si méprisables.

Je ne pouvais souffrir que mon propre pays fût condamné dans son passé par des hommes dont la friponnerie est peu de chose, si on la compare à leur sottise. Quoi ! de pareils fastes historiques auraient relevé de ces gens-là ! Quinze siècles de politique illustre, de guerres glorieuses, d'art florissant, d'essor intellectuel unique et admirable, auraient attendu le verdict d'une secte ignare et fanatique, jugeant selon des rubriques honnies de la raison civilisée! Le spectacle de quarante rois auteurs de notre patrie, de Clovis, de Charlemagne, de Philippe-Auguste, de saint Louis, de Louis XI, de François Ier, de Henri IV, de Louis XIV, traduits à la barre de ce tribunal indigne, fait un tableau qu'on ne peut supporter de sang-froid. Je plains ceux qui, se disant Français, n'en frémissent point; je plains ceux qui, n'étant pas engagés à le défendre par un intérêt de parti, ne laissent pas d'y proclamer quelque fond de justice.

Le succès apparent de la Révolution séduit et entraîne les foules frivoles, rien n'est si naturel que cela; je ne m'étonne pas non plus que ce succès ferme la bouche à ceux qui, capables d'en reconnaître l'infâme misère intellectuelle, aiment dans ce succès le triomphe de leur parti; mais que signifie cette complaisance chez de bons Français sans étiquette, chez des croyants de profession catholique? Réprouvant comme ils font la guerre menée au nom de ces principes, attachés à combattre les révolutionnaires, est-ce que ces principes en eux-mêmes les séduisent? N'en touchent-ils pas du doigt l'humiliante ineptie? La déchéance intellectuelle d'une adhésion à ces principes, quand elle est désintéressée, n'en sentent-ils pas la honte dans tout eux-mêmes, dans les propos que cela fait tenir, dans le visage que cela donne, dans la substance de leur pensée, dans la matière vivante de leur cerveau?

Je voudrais leur révéler cela. Je voudrais que, dans un livre écrit pour la défense de l'histoire de France, la médiocrité de la secte qui l'ose décrier éclatât. Ces deux effets sont inséparables. Il n'y a pas d'homme épris des beautés de notre histoire, qui ne soit en voie de renier la Révolution jusque dans ses dernières conséquences; il n'y en a pas de prévenu de quelque complaisance pour l'esprit de la Révolution, qui ne boude notre ancienne histoire par quelque endroit : quoi qu'on prétende ou qu'on espère, il faut faire un choix entre deux.

J'ose dire qu'un certain goût de l'honnêteté littéraire serait le plus court chemin d'y parvenir. Autant que par ses desseins politiques, la Révolution se décèle par le genre d'éloquence de ses tribuns; et l'idée qu'on prend d'elle sur cet échantillon jette sur tout le reste un jour inestimable. Elle aide à mieux apercevoir le fond de son action dans tous les genres. Rien n'est si un ni si constant que ce fond. Ceux qui ne l'ont pas bien pénétré n'auront pour elle que des haines insuffisantes, incapables de garder contre ses attaques les différentes parties de l'héritage français.

Aussi serait-il de peu d'utilité de défendre l'un après l'autre les différents faits de notre histoire, objet de ses dénonciations, si la philosophie dont elles prennent leur source n'était manifestée dans son indignité.

Mais l'histoire bien apprise n'est pas moins propre à cela qu'à disputer la vérité de chaque fait au mensonge révolutionnaire. Cette vérité partielle importe sans doute ; elle importe assez pour que la secte n'ait rien omis pour l'obscurcir : tout compte fait cependant, elle importe bien moins que cette leçon générale opposée par l'histoire à l'esprit de la Révolution. C'est cette leçon que j'ai souhaité d'introduire dans chacun des chapitres qui font le sujet de ce livre.

J'ai nommé ces chapitres du nom de *préjugés*. Ce nom indique assez qu'il s'agit d'autre chose que d'une matière de fait seulement. La rectification des faits n'était qu'une partie de la besogne : il fallait de plus restituer le vrai sens des faits dûment authentiqués. Ce sens méconnu n'est pas un moindre mal que les événements controuvés ; il ne tend pas moins efficacement à faire détester le passé de notre pays ; il n'a pas fait un moindre objet des soins de la Révolution dans sa conspiration contre l'histoire.

Cette conspiration est essentielle chez elle. Elle tient à ses principes autant qu'à la tactique indispensable pour la maintenir.

Quant à la tactique, comment se passerait-elle de recommencer incessamment le procès des siècles qui l'ont précédée ? L'établissement révolutionnaire constitue, à travers le dix-neuvième siècle et jusqu'à nos jours, un défi à la tradition et à l'expérience : cela, non pas seulement en fait, mais en principe : car elle a pour principe de ne relever d'aucun enseignement de l'histoire, mais de la raison philosophique seulement. Et c'est pourquoi le régime qu'elle institue ne ressemble à rien de ce que la suite des siècles a jamais offert en exemple. Quant aux principes, la Révolution prétend s'autoriser de la *nature* contre la civilisation. Il fallait bien que le règne de la première, découvert après tant de siècles, se reconnût à la contradiction et au saccage du passé. Ainsi ce saccage illustrait les principes, en même temps qu'il servait efficacement l'action.

Telles sont les conséquences qui font de la Révolution l'ennemie inévitable de l'intégrité de l'histoire. L'effet, comme j'ai dit, s'en fait sentir d'une part dans le mensonge historique, d'autre part dans la méconnaissance des temps, dans la prétention pédantesque de ne juger le passé que selon les idées qu'elle a mises en cours.

Ce double effort devait engager les tenants de la Révolution à représenter le cours des siècles sous un aspect bizarre, et si invraisemblable, qu'on s'étonne de le voir en crédit : En premier lieu, les faits de leur propre histoire sont dépeints comme une espèce de miracle, échappant aux lois ordinaires des choses et récusant le commun jugement des hommes ; en second lieu, le passé se présente comme incapable de fournir le moindre exemple, le moindre enseignement digne de l'attention du philosophe.

Quant au premier de ces points, chacun sait avec quel luxe de figures, sur quel ton de prophètes inspirés, les historiens amis de la Révolution ont moins écrit que chanté son histoire. Je ne parle pas du mérite poétique médiocre, mais de l'affectation, qui est immense. Dans le grossissement que les faits en reçoivent, toute commune mesure disparaît; les lois de la morale et de la politique sont entraînées, noyées, comme dans le tumulte d'un cataclysme.

Sombre quatre-vingt treize, épouvantable année,
De lauriers et de sang grande ombre couronnée...

« Quelque chose, dit Michelet, de plus grand que l'Évangile. » De plus grand que la Genèse aussi. Les assemblées de la Convention apparaissent dans le fracas d'un Sinaï, au milieu d'éclairs et de roulements de tonnerre. Des antres redoutés du Comité de Salut public, on croit entendre sortir les hurlements de la Sibylle. Toute cette orchestration furieuse, qui n'a pas seulement pour objet de couvrir, comme on croit, le bruit de la guillotine, mais aussi les pataquès de la tribune publique, éblouit le jugement de la postérité, et met ces temps-là à l'abri de la critique.

Au contraire, le passé ennemi, haineusement dénigré d'une part, est en outre représenté comme un parangon d'incohérence. Voltaire a beaucoup servi pour cela. Son *Essai sur les Mœurs*, dont je n'ai garde de nier le mérite, n'en a pas moins été le modèle de toutes les parodies historiques, depuis répandues dans la petite bourgeoisie, et qui font une pièce principale des bibliothèques maçonniques. C'est que, digne ou non d'approbation, l'histoire n'en offre pas moins le spectacle d'une suite de faits, partant une matière d'observation, et la source d'un enseignement des hommes. Pour ruiner cet enseignement, pour que les hommes en soient détournés tout à fait, ce n'est donc pas assez de noircir le passé ; il faut en brouiller le tableau, de façon que nulle leçon n'en semble devoir sortir ; il faut que les personnages y paraissent conduits moins par des passions ordinaires, sujettes aux mesures de la prudence humaine, que par une frénésie d'orgueil et de méchanceté. L'histoire ainsi comprise relève d'une science des mœurs particulières. Il suffit de lire, pour en avoir l'idée, dans le genre folâtre, l'*Histoire de France tintamarresque* par Touchatout, et, dans le genre sibyllin, la *Légende des Siècles.* Selon la convention en usage dans ces livres, les rois, en qui les siècles passés se résument, ne sont pas proprement des méchants, des hommes soumis aux lois de l'ordinaire perversité, mais des monstres horribles et indéchiffrables, victimes du mal sacré de la puissance suprême, en horreur aux hommes et aux dieux. Hugo explique sérieusement comment d'être le maître des hommes ne peut que jeter un roi hors des gonds de la nature, et faire de lui un être sans vraisemblance. Cela convenait très bien au genre de son théâtre. Cela n'est pas moins nécessaire à la philosophie de l'histoire qu'ébauche la Révolution.

Elle ordonne les siècles en trois périodes : de l'an premier de la planète à 1789, une période de folie atroce, dont la durée, la réussite, les progrès apparents, l'éclat, la gloire, les raffinements, ne prouvent rien et ne sauraient rien prouver ; en 1789, une période de folie sublime, qu'il est interdit d'examiner, à l'égard de laquelle les hommes ont pour devoir de suspendre leur jugement, de se taire et d'adorer ; enfin depuis 1789, une troisième période ou âge d'or, ayant pour attributs l'école obligatoire, le bulletin de vote, le timbre à dix centimes, le service antiseptique et les livrets de caisse d'épargne. On admet que l'éclat de ces bienfaits justifie aux yeux de la raison la vénération vouée au furieux tintamarre qui fit en accoucher le monde. Il introduit de plus les citoyens, illuminés par l'enseignement primaire, aux raisons dernières des effets, qui sont les abus de l'ancien régime, spécifiés dans le tableau de générale horreur où se complaît l'âme simple des vrais républicains.

Ainsi ordonné le nouveau Discours sur l'Histoire universelle, la besogne demandée se rend facile. On refuse le nom et la qualité d'homme à tout ce qui précéda la Révolution ; les instruments de celle-ci sont plus que des hommes, des géants (les géants de quatre-vingt treize) ; et ce qui la suit représente l'humanité, l'humanité dont heureusement nous sommes.

Or comment étudier sérieusement une époque où l'on est assuré de ne rencontrer rien de l'humanité ? On n'aborde ces régions de l'histoire qu'avec horreur et tremblement ; on n'attend d'y trouver que misère et qu'oppression, qu'absurdité et barbarie. Quelques traits différents, qui percent cette nuit affreuse, causent des étonnements sans fin : on les déclare bons pour le temps ; on s'extasie de pouvoir imaginer là-dedans une anticipation de ce que nous sommes devenus. A ceux qui font prévoir le siècle d'à présent, on décerne les honneurs du génie. Tout cela a lieu posément, de l'air le plus naturel du monde : tant est bien établie l'idée de la supériorité infinie de ces temps-ci.

Pour l'inculquer de cette façon puissante, il a fallu des préventions extrêmes. Aussi a-t-on affecté de changer toutes les notions traditionnelles, non pas de la politique seulement, où la Révolution s'est attaquée surtout, mais de la vie tout entière. L'horreur des exactions royales n'a pas fait toute la misère d'autrefois ; cette misère habitait même les âmes Ce que la Révolution prétend renouveler, c'est plus que l'État, c'est la science de tout l'homme. Conscience, autorité, vertu, obéissance, devoir, liberté, prennent un nouveau sens par ses soins. Ainsi se forge le réseau de sophismes où se débat l'esprit moderne. Ainsi s'assure le triomphe d'une cause, qu'on ne pouvait en effet sauver sans détruire tout.

C'est la raison pourquoi tant de livres excellents, où se trouve rétablie l'histoire vraie du passé, ou dénoncée celle de la Révolution, ont eu si peu d'effet contre l'erreur moderne. Ce n'est pas que beaucoup ne méritent de grands éloges. Ceux de M. Biré, par exemple, infiniment précieux en ce genre, seront toujours lus, consultés, imités avec le plus grand soin par ceux qui ne séparent pas l'œuvre de restauration nationale de l'œuvre de vérité historique. Mais de tels livres laissent entiers les principes. En brisant quelques chaînes des esprits, ils laissent à l'ennemi de quoi en reformer vingt autres. Ils sont pareils aux tracts électoraux des associations libérales, où l'on prend soin de montrer au paysan qu'il paie plus d'impôts que jamais, sans faire réflexion que l'erreur qui l'attache à la République est assez forte pour lui faire digérer cet inconvénient et plusieurs autres. A ces démonstrations utiles il est de toute nécessité qu'on joigne l'offensive sur les principes mêmes. C'est aux *droits de l'homme* qu'il faut s'en prendre. C'est jusque-là qu'il faut poursuivre les causes de l'injustice que fait à notre histoire la dénonciation jacobine.

J'ai dit que les faits de l'histoire eux-mêmes bien enchaînés faisaient le procès de ces principes. En nous montrant comment, sans nulle satisfaction donnée à ces prétendus droits, les hommes n'ont pas laissé de vivre heureux et sages, en découvrant les mille façons de faire l'ordre que la réalité et l'expérience opposent à l'outrecuidance dogmatique des sectes, elle ruine ces principes à la base. Ainsi la philosophie même qu'il convient de joindre à l'exposé des faits, est tirée de ces faits. Par là, ce qui se trouve corrigé n'est pas seulement le mensonge de fait, mais encore, par l'effet d'une lumière d'ensemble, le sens faussé des événements, autant que des mœurs et des usages. C'est ce que font voir en perfection, sur un sujet pareil à celui de ce livre, les *Lettres sur l'Histoire de France*, de notre éminent ami et collègue l'abbé de Pascal. C'est de quoi les ouvrages de Fustel de Coulanges proposent un exemple accompli.

Assez de nos contemporains blâmeront ce mot de philosophie introduit dans un propos de ce genre. Toute une école le croit propre à corrompre l'impartialité de l'histoire. Ces messieurs ignorent que *pensée* ne se distingue pas de *philosophie*, et qu'il n'y a pas d'usage de la raison, même en histoire, qui se passe de la synthèse. Il est vrai qu'ils réprouvent jusqu'à ce mot. Mais il suffit de les écouter pour savoir de quelle synthèse audacieuse, de quelle intolérante philosophie leur pratique de l'histoire est pleine. Seulement cette synthèse et cette philosophie ne sont faites que de préjugés modernes, qu'ils confondent avec l'absolu. Juger, reprendre, condamner, vouer à l'exécration publique quelque trait du passé au nom de ces préjugés, c'est à leurs yeux ne pas sortir de l'impartialité. Celle-ci chez eux n'est proprement et au pied de la lettre, que l'inintelligence des temps. Plusieurs d'entre eux manquent de l'esprit qu'il faut pour apercevoir cette erreur; chez d'autres l'esprit de secte emporte tout. L'histoire aux mains de ces derniers, ne sera jamais qu'un prétexte à pousser dans le monde cet esprit, décrété par eux identique à l'impartialité de la science (1).

Pour persuader aux foules la supériorité du régime moderne sur l'ancien, les détracteurs du passé n'ont pas manqué de profiter d'un point: c'est la fascination que le progrès matériel exerce chez nos contemporains.

Cè progrès a changé toutes choses autour de nous. Entre nous et les hommes du temps passé, il met la disproportion la plus insignifiante en soi, mais aussi la plus sensible pour l'imagination. Tout ce qu'il y a soit de sots, soit d'ignorants au monde, ne manque pas d'en être frappé et d'en concevoir un orgueil sans limites. Même on a cherché des raisons de justifier cet orgueil. Voltaire, qui profita d'un tour de paradoxe pour hasarder de grosses sottises, fait dire à Pococurante que toute la science des Académies ne vaut pas l'art de faire des épingles. On a repris depuis cette folie sérieusement; Augier s'en est donné le copieux ridicule, dans sa pièce d'*Un Beau Mariage*; nous avons tous connu, au Palais de l'Industrie, la

(1) Voir l'appendice à la fin de l'ouvrage.

liste, gravée sur la corniche, des grands génies de l'humanité, où figuraient Someillier et Sauvage auprès de Poussin et de Michel-Ange. Cette déification de l'industrie était dans les idées de la Révolution. On sait quelle fortune fit alors le paratonnerre de Franklin :

Eripuit cœlo fulmen sceptrumque tyrannis.

Oberkampf et les toiles peintes de Jouy, qui parurent en même temps, ont figuré durant un demi-siècle dans tous les *Plutarques de la Jeunesse*. Le pauvre Chappe, qui n'inventa qu'un télégraphe fort méprisable, a sa statue dans Paris, où Racine (ainsi que mille autres) continue d'attendre la sienne. Par cet hommage rendu à ce contemporain notoirement obscur de ses origines, la République proclame l'avantage que l'apologie de la Révolution retire de l'apothéose des « inventeurs ».

Quoi qu'on ait tenté cependant, on n'a pu assurer leur gloire, elle répugne à la nature des choses. Jacquard et Montgolfier seront toujours moins connus qu'Homère. Le bon est qu'une époque qui les a tant chéris, n'a vu cependant naître aucun de ceux par qui s'est transformé le siècle. Le point de séparation de nous et des anciens à cet égard n'est pas du tout marqué par la Révolution, et les géants de quatre-vingt-treize apparaissent sur la scène du monde dans le médiocre attirail des industries de l'ancien régime, au milieu des diligences et des coches d'eau.

Ne croyez pas que leurs historiens aient peu de souci de cette honte. Au contraire, ils prennent soin d'en adoucir l'effet. A cinquante ans de distance, ils opèrent la réunion de Danton et des chemins de fer. Ils ne veulent pas qu'on sépare ces deux choses. Dans leurs programmes d'étude, ils inscrivent ceci : « Résultats de la grande Révolution : la vapeur et l'électricité. »

Cette impertinence fait rire. Cependant le prestige des inventions modernes sert réellement leur cause. Il met les foules en train de plaindre et de dédaigner le passé. C'est un entraînement naturel, auquel on ne peut éviter que les classes ignorantes soient sujettes, et ces classes font aujourd'hui la loi. J'ajoute qu'il n'y a pas de préjugé plus barbare. Une forte culture des plus hautes classes en peut seule corriger l'effet ; aussi les pouvoirs de la République sont-ils ligués contre cette culture. Les fameuses réformes de l'enseignement de 1890 et de 1902 n'ont pas eu d'autre objet que d'en préparer la ruine. Quand la disparition du grec et du latin aura décidément assuré l'ignorance des civilisations de l'antiquité, la confusion intéressée des progrès de l'industrie et de l'avancement social aura beau jeu. Savoir ce que fut Rome, et que sa grandeur prend place il n'y a pas moins de deux mille ans, dans un temps où les produits d'aniline n'étaient pas moins inconnus que les droits de l'homme, n'est pas du tout indifférent. Il n'est pas du tout indifférent que les pupilles de la République sachent ou ne sachent pas cela. Cette lumière éteinte une bonne fois, c'en sera fait de tout scrupule chez eux. Le naphtol, le thymol, le salol, régneront désormais sans partage.

Tout ceci fera comprendre l'illusion dont je parle, et par quelles réflexions il convient de s'en garder. Il fera voir de quelle importance à cet égard sont de bonnes humanités. Ce que je dis de l'antiquité s'applique à notre pays : une ouverture loyale sur la littérature du dix-septième siècle français fait hésiter à croire que la Révolution soit le commencement de l'histoire du genre humain ; elle touche au dogme révolutionnaire dans ce qu'il a de plus absurde, mais aussi de plus essentiel. Aussi voit-on que les ennemis de notre histoire politique n'ont garde de laisser en paix la gloire de nos écrivains classiques.

Une entreprise sournoise de dénigrement pèse sur nos classes de rhétorique moderne. Celles-ci ont pour tâche principale de réduire, de chicaner, de neutraliser l'éloge que mérite l'ancienne littérature française, d'empêcher que les esclaves de la Révolution, suggestionnés du sophisme politique, n'y soupçonnent l'éminente dignité du passé. Les imbéciles critiques du Romantisme ont puissamment aidé ce résultat; elles ont fourni des arguments, elles ont attiré des recrues, et le désordre social a recueilli en ceci le fruit de son alliance naturelle avec le désordre de l'esprit.

Du côté des savants, l'erreur de la Révolution ne pouvait avoir gain de cause. Il n'y a presque pas un homme adonné sérieusement à l'étude des institutions qui ne soit prêt à venger les anciennes du décri révolutionnaire. Une patiente recherche du passé est le chemin infaillible d'en reprendre le goût, et à plusieurs égards l'admiration. L'offensive jacobine réussit peu par là. Tout ce qu'elle essaie n'est qu'au moyen de quelques Mémoires scandaleux, qui quelque temps ont fait figure à son profit d'un arsenal d'érudition. La fin du XVIIIe siècle et le commencement du XIXe ont vu le beau temps de cette pratique. La dénonciation qu'on en tire, était surtout des mœurs privées des grands. Contre les noms glorieux de l'histoire, on menait une entreprise de diffamation pareille à celle que nous avons vu réussir contre des curés de village et des Frères des Écoles chrétiennes. Cette veine est épuisée maintenant, et le résultat qu'elle donne a été tout entier porté du côté des classes ignorantes, où tant d'autres armes ont leur effet, qu'une de plus n'est pas une affaire. Les gens instruits ne croient plus à ces révélations ; les plus célèbres d'entre les détracteurs de l'ancienne société, comme Saint-Simon, ont vu tomber tout leur crédit.

Ne pouvant entreprendre sur la science, l'établissement révolutionnaire devait mettre tous ses soins à en restreindre l'écho, à en enrayer le débit. Il est vrai que ce régime se dit celui de la science ; mais il n'est pas malaisé de voir que sous ce nom de science il n'entend autre chose que l'opposition aux croyances religieuses. Comment, au nom de la science tout court, saurait-on fermer tant d'écoles qu'il en a fermé depuis cinq ans ? Fermer des écoles est en soi le contraire d'un amour de la science. Mais il s'agit de la science sous condition, et cette condition est tellement importante qu'elle est regardée comme suffisante en l'absence du principal même. La République trouvera toujours assez savant celui qu'une révolte de l'esprit aura séparé de la religion, et dont le progrès se marquera dans le mépris des prêtres. Que si quelque ordre de connaissances refuse de s'associer à ces fins, elle fera tous ses efforts pour l'étouffer.

D'une part, elle empêchera que rien de ce qu'il démontre ne vienne à la connaissance des foules ; d'autre part, elle en rabaissera les maîtres devant ceux d'un moindre enseignement, tout entier remis entre ses mains. C'est de ce temps-ci le sort de l'enseignement supérieur, et à quelque égard du secondaire. Tout l'effort du régime est de les effacer devant la prépondérance de l'enseignement primaire. Les universités populaires issues de l'affaire Dreyfus y ont servi, par l'habitude qu'elles donnent aux maîtres plus instruits de se plier aux préjugés que le peuple tient de l'école communale. L'abaissement des programmes est un autre moyen. Vingt pratiques souterraines ont pour effet certain de faire trouver l'enseignement supérieur plus inutile tous les jours, d'en détourner les étudiants, pendant que les principes, la méthode, les résultats, les prérogatives en seront à mesure plus méconnus. Les suppressions ne seront pas épargnées ; et nous pouvons être assurés que tout ce qui dans cet ordre ne pourra être étouffé sera détruit.

Tel est, dans ses traits principaux, le plan de la Révolution sur l'histoire de France. Il tend à la corrompre et à l'anéantir. Mais on ne peut achever cette matière sans parler d'un venin plus subtil qui s'insinue par son action. Je parle du goût qu'elle donne à tous et du droit qu'elle reconnaît à chacun de discuter sans frein des événements passés, de traduire l'histoire à la barre de sa conscience particulière.

Mille réflexions seraient à faire sur ce sujet et sur ce qu'on pourrait appeler l'esprit de secte en histoire. Il correspond à ce que nous voyons être en politique l'esprit de parti, et en religion l'hérésie. Dans ces trois ordres, il vient de la prétention de ne soumettre son jugement qu'à soi-même, de ne rechercher que ce qui plaît, au mépris de ce que les faits imposent. Le fait de l'Église en religion, celui de l'État en politique, en histoire celui de la nation ou de la société civilisée, ont un droit souverain à fixer nos esprits, à remplacer ce qui dans chacun n'est qu'opinion particulière, par la raison d'être d'un ordre supérieur. Bossuet écrit magnifiquement que l'hérétique est « celui qui a une opinion ». Les temps modernes vantent cela comme le propre de l'homme ; cependant toute la fin de notre intelligence est de nous incliner devant une raison capable de se soumettre tous les esprits. Tout ce qu'il y a de sortes d'ordre public au monde, nécessairement fondées sur l'unité de pensée, a requis des faits cette raison ; aucun ne s'en est remis aux *idées* de l'établir. C'est aux effets que tout gouvernement des hommes met l'enseigne de la vérité.

La réussite des institutions, non la facilité qu'elles ont d'être philosophiquement déduites, voilà le motif de les croire bonnes et de s'y soumettre sans résistance. Le bon comportement de l'État, tel est le fondement de la légitimité. Ce qui s'y est ajouté par l'effet de l'ancienneté, ne vient que de l'ascendant plus grand que prend une réussite plus prolongée. Faire le procès de cette réussite, opposer au droit qui s'ensuit les préférences de ce qu'on croit la raison, quitter pour les décisions de celle-ci le contrôle palpable des faits, tel est le propre de l'esprit de parti. Avec son règne commencent les dissidences, chacun ne pouvant manquer de trouver dans *sa* raison des injonctions particulières qui le mettent aux prises avec la raison des autres. Le fait accepté rassemblait les hommes, le principe discuté les disperse. Voilà la guerre civile inévitable. Aucun ordre public, aucun État paisible ne saurait bâtir sur ce fond.

Il en va de même en histoire. L'épreuve du vrai, du bon, du juste, n'est dans rien de semblable à ce que nous appelons des principes, mais dans le favorable aboutissement des faits. Ce principe n'est pas moins certain que celui qui domine la politique. Aussi bien, ne peut-on l'en séparer. Ce que j'ai dit de la politique empêche de connaître aucun droit à cet égard qui ne soit historique ; le bienfait d'un pouvoir est ce qui le rend légitime : il y faut donc l'épreuve des ans. J'ajoute, de longues années : un succès éphémère n'ayant pas de quoi fixer l'obéissance des hommes. Ainsi les mêmes raisons, des raisons de force égale, défendent de discuter le pouvoir légitime et de condamner l'histoire de son pays : la réussite qui sert d'épreuve à tous les deux étant substantiellement la même, et ce pouvoir n'étant justifié que par l'histoire.

De là vient qu'il n'y a pas de patriotisme raisonnable qui ne soit aussi loyaliste. De là vient que tous ceux qui veulent l'ordre public n'en séparent pas le souci de l'amour de notre histoire.

Sur cet amour en général, point de dispute dans le camp des catholiques et des nationalistes. Seuls les tenants des sectes dans le présent élèvent contre le passé des reproches absolus. Mais, en détail, que de récriminations de la part des bons Français mêmes ! C'est que l'esprit de la Révolution n'enseigne pas seulement à ses sectaires la haine générale du passé ; chez tous encore elle insinue le goût et la présomption des critiques particulières. Sectes non déclarées contre la France historique, demeurant dans l'amour et le culte de celle-ci, sectes cependant, qui, ne laissant pas de *choisir* entre les faits dont s'est constituée la patrie, n'aimant celle-ci que sous un certain angle et pour des vues particulières, logent dans un sentiment fait pour nous rassembler, le germe mauvais des dissidences. Cause de faiblesse à l'intérieur, cause de trahison aussi, chacun de ces partis, par l'effet des condamnations qu'il prononce, tendant la main à la Révolution, qui les étend à toute l'histoire.

Ce dernier trait mérite qu'on y appuie. Mauvais en soi, mauvais dans son principe, il traîne des conséquences plus fâcheuses encore. D'une alliance de fait sur un point avec l'esprit de la Révolution, on passe aisément à d'autres complaisances ; malaisément on condamne la doctrine qui justifie vos préférences de secte. De là, non pas seulement de la contagion directe du libéralisme, viennent à tant de bons Français ces connivences secrètes dont notre temps offre tant d'exemples.

Qu'on ne se méprenne pas sur le sens de ceci. Pas plus que tout autre sentiment nécessaire, le patriotisme n'enseigne rien d'absurde ni d'immoral. Il ne défend pas de juger l'histoire, il ne commande pas de n'en rien reprendre. Imparfaites dans le particulier, par quel miracle les actions des hommes échapperaient-elles dans le domaine de l'État à tout reproche? comment, au contraire, une si longue suite de siècles, des circonstances si difficiles, de si grands intérêts, le hasard des rencontres, qui les remet parfois aux mains des faibles et des méchants, n'auraient-ils pas pour effet de multiplier les critiques auxquelles les hommes sont exposés ? Je ne prétends donc pas qu'il ne faille blâmer rien : ce que j'assure, c'est qu'un blâme de ce genre, quand il s'agit d'un grand pays tel que le nôtre, ne saurait affecter l'un des points essentiels offerts au jugement de l'histoire.

La réussite de l'histoire de France exclut tout blâme définitif. Qu'on relève en ses différents points toutes sortes de torts des hommes et de défauts des choses, rien n'est si raisonnable, et même si nécessaire. Qu'on dise : *les torts* de l'ancien régime, comme on le dit de tout au monde, soit; mais qu'on se garde de dire : *le tort*. Que par ce singulier on ne donne pas à entendre qu'un vice constant, fondamental, toujours le même sous des aspects divers, fait une tache dans notre ancienne histoire, minait la patrie dans le passé. Je ne considère même pas ici ce qu'il y a d'illusion dans l'idée qu'une telle façon de parler révèle. Je n'examine pas ce point de vue du fatalisme, qui, composant l'entité d'une nation de plusieurs éléments abstraits développés à travers les siècles, dénonce dans l'un la cause de ruine ou de constant détriment que souffre le corps social. Il suffit qu'à ceux même qui sont dans ce point de vue, la France prospère, la France glorieuse ne doive passer pour affectée d'aucun pareil mal. Car ce mal, ou l'eût tuée infailliblement, ou n'eût jamais permis que ses destinées allassent si haut.

Encore un coup, la réussite dont notre pays est l'exemple est l'absolution de son passé. De bons effets ne peuvent venir de mauvaises causes.

Ainsi ce qu'on fait de reproches à notre histoire doit être exprimé avec tout le respect que l'excellence de l'ensemble inspire. En second lieu, ces reproches ne peuvent être profonds, puisqu'ils n'ont pas empêché la nation de prospérer.

Je sais qu'une école s'imagine élever contre un pareil point de vue les objections de la morale et même de la dévotion. Au-dessus des lois du succès, dit-on, il y a celles du bien et du mal ; au-dessus de l'absolution des faits, les condamnations de la religion. Ils ne songent pas que toute la question est de savoir si le cas se pose en effet. Car, supposé que jamais dans les États prospères nous ne soyons conduits à remarquer une violation des mœurs fondamentales, que jamais dans cet ordre ce qui se fait aimer en fait, ne découvre quoi que ce soit de détestable en principe, il n'y aura plus de difficulté, et nos censeurs en seront pour leurs frais de vertu.

Il n y aura pas de difficultés, dis-je, car ce n en est

pas une de savoir si, en soi et dans l'abstrait des notions, l'honnête doit être préféré à l'utile : ces espèces étant différentes et ne souffrant pas de commune mesure : de sorte qu'on peut bien dire que l'honnête vaut mieux que son contraire, et de son côté l'utile que son contraire, mais qu'on ne peut rien dire de ces deux termes mis ensemble; et, d'autre part, il n'y aura pas question si un objet honnête et contraire à l'utile doit être préféré à un autre qui serait utile et contraire à l'honnête, puisque, dans l'ordre dont il s'agit, le cas ne se présenterait jamais.

Or, qu'il en soit comme je dis, l'histoire en est garant. Jamais on ne vit une société réussir et prospérer en violation des lois les plus essentielles de la religion et de la morale. L'histoire, dis-je, est garant de cela, et le sens commun n'en doute pas. Il sait que la condition des personnes est à cet égard fort différente de celle des sociétés, que la prospérité ne s'oppose à la vertu que dans l'individu strictement pris, et non pas même dans l'individu, car il est plus juste de dire que le plaisir s'oppose au devoir *dans un acte isolé* de la vie de celui-ci. Plus le cas qu'on propose s'étend, plus il comprend de temps écoulé, moins le divorce supposé de l'utile et de l'honnête trouve d'occasions de se faire sentir ; le temps ayant cet effet de permettre aux sanctions morales de se produire. Ainsi, en l'entendant de la vie tout entière, on peut dire qu'il est rare qu'un méchant soit heureux. Mais, ajoute-t-on à la longueur de temps la considération d'intérêts collectifs, l'opposition supposée se fait plus rare, et disparaît même tout à fait. Aussi a-t-on pu dire que pour l'individu la sanction de la morale était dans l'autre monde, mais que les sociétés portaient dès celui-ci la peine de leurs vices et de leurs crimes. C'est le point de vue de Maistre et de Le Play. C'est celui de tous les grands politiques.

Rien donc ne doit retenir un Français d'aborder l'histoire de son pays dans une intention d'apologie. Il tient dans le fait de l'existence de la France et du magnifique avoir social que ce nom représente pour tous, la preuve que cette histoire est belle et digne d'éloges. Loin que cette confiance choque aucune loi de l'étude scientifique des faits, elle est pour cette étude au contraire une source de lumière, s'il est vrai qu'il n'y a pas de connaissance des faits qui ne doive tenir compte de leur aboutissement. Au surplus, cette confiance n'impose aucune conclusion particulière, car il y a pour les faits de l'histoire bien des manières d'avoir raison. Elle laisse le champ ouvert à toutes les conclusions, réservant ce point seulement, qu'une nation comme la nôtre ne saurait passer pour issue, à quatre générations en arrière, d'un peuple d'ignorants, de misérables et d'esclaves.

Ce point sera l'écueil du sophisme et l'enseigne palpable du vrai. Tout l'effort de la critique révolutionnaire cède à cette parfaite évidence. Les chapitres qu'on va lire, en s'y accommodant, découvrent le vrai jour des faits dont chacun traite. Dans chacun j'ai confiance que le lecteur retrouvera, en même temps que la certitude de fait, la vraisemblance que donne à la chaîne du récit la naturelle allure des hommes, toujours forcés et grimaçants dans les tableaux de complaisance dictés par la Révolution. On n'y trouvera pas moins la variété que l'histoire emprunte de l'extrême diversité des hommes, si ingénieux, par des voies différentes, à pourvoir à la paix publique et à la protection des intérêts.

Le spectacle imprévu de ces accommodements fait toute la séduction et le charme de cette science. C'est à le ménager que l'historien s'applique, à peu près comme les sculpteurs anciens se sont appliqués à garder la naïve allure des corps représentés dans leurs ouvrages. Goldoni, qu'on s'excuse de citer en une matière aussi sérieuse, avait pour principe ce beau mot qu'« il ne faut pas gâter la nature ». C'est, dans un autre ordre de choses, ce qu'il faut entendre dans ce passage où Fustel recommande « la chasteté de l'histoire ».

Personne ne l'a gardée comme lui. Nulle part mieux que chez lui le passé ne se découvre dans de simples et naturels tableaux ; nulle part l'inaccoutumé des faits n a plus d'union avec le fond des choses, présent dans sa réflexion simple et dans le choix mesuré de ses paroles.

J'ai pris de lui la matière et les conclusions de plusieurs chapitres de ce livre, conclusions auxquelles personne n'a répondu, mais que les ennemis de notre histoire ont tout fait pour ensevelir dans le silence. Ce que j'ai joint ailleurs de mon fond, ou adapté de plusieurs excellents historiens, ne laisse pas, en beaucoup de points, d'être inspiré de la méthode de Fustel. Le dessein même de ce livre est pris de lui ; car il tient tout du respect du passé, et ne tend qu'à réconcilier dans la connaissance de leur histoire tous les Français amoureux de leur pays.

CHAPITRE Ier

LE CELTISME. — LA CONQUÊTE ROMAINE.

L'établissement de la puissance romaine en Gaule et la substitution de cette domination à celle qu'exerçaient les Gaulois, envahisseurs et conquérants eux-mêmes, est le plus ancien des grands faits de notre histoire. J'en rappellerai en peu de mots l'événement.

Depuis la fin du IIe siècle avant J.-C., une partie de notre pays était au pouvoir des Romains, sous le nom de Gaule transalpine, dont la capitale était Narbonne. Ils en avaient repoussé les Cimbres et les Teutons en 102 par le bras de Marius, dans la célèbre bataille d'Aix. A cette domination se joignait l'alliance de quelques États ou *cités* des Gaulois.

C'est au titre d'une pareille alliance que les Éduens appelèrent César, pressés de se défendre contre l'invasion germaine d'Arioviste, en 58. César leur mena les secours qu'ils demandaient, et ne quitta plus le pays qu'il ne l'eût soumis tout entier. En 53 la conquête était achevée. Vercingétorix souleva le pays en 52. Il fut réduit cette année même. La prise d'Alise termina la guerre. Le chef fut livré au vainqueur. L'histoire de la Gaule romaine commence alors.

Tels sont les événements qui mirent fin à l'état primitif de notre pays, à ce qu'on doit appeler le régime gaulois. Je veux examiner ici les regrets donnés à ce régime et le préjugé qui s'en compose.

Ce préjugé n'est pas une imagination. Nombre de gens s'en montrent possédés, faisant grief de la conquête romaine, revendiquant contre les effets de celle-ci ce qu'ils supposent de traditions commencées avant qu'elle eût rompu le cours des choses. Ce préjugé fait qu'on prend parti, dans le récit de ces événements, contre Rome et contre César.

Par là l'histoire de France se trouve, chose remarquable, en butte jusque dans ses origines à la récrimination des Français. Tout ce qu'elle offre venant après cette conquête (c'est cette histoire tout entière), se présente comme souillé d'une tache originelle, que le flot des événements lave et recouvre sans l'effacer : matière toujours prête à des reproches dont la dissidence s'alimente, source d'aigreurs lointaines et profondes où se rafraîchit la critique de ce qui porte le nom français.

Sous l'habit des institutions et des mœurs, que plusieurs avouent de détester, quel motif plus plausible que l'origine celtique, de ne donner d'éloge qu'à ce qu'on veut bien regarder comme les saillies de la race ? On les reconnaît, on les salue, dans le défilé des faits communs de notre histoire ; au milieu d'une trame étrangère on en loue l'éclat d'exception. Le fond national n'est que là, l'amour de la patrie n'a que là son objet. Le reste, c'est-à-dire tout ce qui paraît aux regards en vingt siècles de vie française, n'est qu'un manteau trompeur, qui nous cache à nous-mêmes et qu'on souhaite d'arracher. Les plus pacifiques voient sans chagrin tomber quelques-uns des débris d'un passé décrié comme apport de Rome. Tel est l'effet du préjugé de celtisme.

Je n'en trouve nulle part l'exposé méthodique ; en aucun lieu il ne tient école, il règne à l'état dispersé. Pourtant assez de témoins permettent d'en faire l'histoire.

Ses origines sont au dix-huitième siècle. Plusieurs autres pareils ont les leurs à cette époque. De savants travaux, tout désintéressés, ont précédé de peu la naissance de celui-là. On ne peut omettre en ce genre l'ouvrage de Dom Martin intitulé *la Religion des Gaulois*, qui parut en 1727. Là se trouvent établis plusieurs des points d'histoire dont la référence donne un faux air de science aux celtisants tendancieux de plus tard.

Ceux-ci parurent au temps de la Révolution. Le plus digne de remarque n'est rien moins que ce fameux La Tour d'Auvergne, dit premier grenadier de France.

On le connaît moins sous le nom de faiseur de mémoires et d'auteur des *Origines Gauloises*, imprimées en 1792. Peu auparavant (1787) avait paru le *Mémoire sur la Langue des Français*, de Le Brigant, auteur de plusieurs autres ouvrages orientés à la même apologie de la Gaule. Il démontrait dans celui-là que le celtique était la langue mère de toutes les autres.

Un peu partout cette matière était mise à la mode. On en voit le curieux effet dans des livres comme les *Essais sur Paris* de Saint-Foix. Un renfort enfin vint à cette mode, d'outre-Manche, avec les poèmes d'Ossian, publiés depuis 1762.

On sait quel fut le succès de ces poèmes, l'empire qu'ils prirent sur les imaginations dutemps, les louanges que leur a données Mme de Staël, l'enthousiasme dont Lamartine se dépeint en vers comme saisi à la lecture qu'il en faisait enfant. Chose remarquable, l'éloge d'Ossian tourna d'abord en décri de la poésie classique. Les revendications de ce qu'on nomme la race se reconnurent ennemies de la civilisation.

Chateaubriand reçut du commerce d'Ossian une empreinte éclatante; Marchangy en fournit un autre exemple avec sa *Gaule poétique*. D'Ossian, de Marchangy et de Chateaubriand naquirent pour nous la légende des Druides, et l'attrait poétique des prêtres en robe blanche moissonnant le gui des chênes avec la faucille d'or. Les réalités de l'histoire furent sacrifiées à cet attrait. Des mots nouveaux, des choses auxquelles personne n'avait songé, devinrent un commun aliment. Chacun fut mis à même de s'aviser qu'il était Celte, et de s'en faire gloire. La Bretagne, associée à cette nouveauté, en vit modifier sa figure dans l'imagination bourgeoise et populaire. La race celtique domine dans cette province ; on en fit le lieu de survivance du régime Gaulois disparu. Les monuments mégalithiques, réputés l'œuvre des Celtes en ce lieu, accompagnèrent le tout de leur prestige.

Cependant qu'est-ce que se dire Celte ou Gaulois ? Se dire Celte ou Gaulois, est-ce dire quelque chose ?

Non, si la prétention est de s'en tenir à cela, car on exclut dès lors le développement historique, essentiel au fond national.

Les termes de *Gaulois* et de *Celte* ont fait chez les savants l'objet de grands débats. M. Alexandre Bertrand les distingue par le sens. Dans un mémoire sur *la Valeur des expressions* Κελτοί et Γαλάται *dans Polybe*, il accumule des distinctions, que M. de Mortillet réfute péremptoirement au chapitre VIII de sa *Formation de la Nation Française*. Le but de M. Bertrand est de grandir outre mesure, avec la fortune des Celtes, la gloire de ne se réclamer que d'eux : aux Gaulois on ne saurait en attribuer autant. Mais les anciens n'ont pas distiugné l'un de l'autre : *Gaulois* et *Galates* ne sont que l'usage d'un temps ; les auteurs du IIIe et du IIe siècle emploient le second en grec, et le premier en latin ;

les auteurs plus anciens et Hérodote disent *Celtes.*

Le vaste empire Celtique dont on trouve la mention dans l'*Histoire des Gaulois* d'Amédée Thierry, est retourné maintenant au rang des fables. Cet auteur les faisait venir en Gaule quinze siècles avant César. C'était joindre à la gloire d'une puissance sans pareille, les droits à notre égard d'une longue occupation. Les recherches les plus récentes aboutissent à peine à reculer jusqu'au VIIe siècle leur établissement dans ce pays. Ils venaient, selon M. d'Arbois de Jubainville, du Mein et du haut Danube. De là partirent leurs invasions de Rome et du Péloponèse, et la formation d'États gaulois en Orient et en Occident : la Gaule cisalpine et la Galatie.

A notre égard, les Gaulois ne tiennent donc pas le rang de race primitive. Il est certain que des Ibères et des Ligures les précédèrent. Leur entrée dans la Gaule n'est pas de ces événements qui disparaissent aux yeux de l'histoire dans le mystère sacré des origines, de sorte qu'il fallût renoncer à nous reconnaître d'autres ancêtres. Vaincus par les Romains, eux-mêmes avaient vaincu et remplacé des peuples plus anciens. La prétention de n'être que Gaulois ne saurait donc se justifier par l'antériorité de ce nom. Est-il plus conforme à l'histoire de s'en réclamer comme de celui d'une nation enfin constituée, que la conquête étrangère supprime ?

Pour répondre comme il faut, il faut imaginer ce

que les Gaulois étaient en Gaule. M. d'Arbois de Jubainville fait les derniers efforts pour prouver qu'ils formaient réellement une nation. La vérité est que des États ou cités indépendantes en grand nombre se partageaient sous eux le pays : Sénones, Pictons, Rèmes, etc., tous noms dont chacun sait que le dérivé demeure aux villes de France leurs anciennes capitales. Ces cités, dis-je, étaient indépendantes à l'égard les unes des autres ; de plus, des factions rivales les divisaient à l'intérieur : ces divisions étaient la cause du défaut d'union entre toutes.

Dans ses *Premiers Habitants de la Gaule*, M. d'Arbois traite d' « erreur grossière (1) » cette idée d'une Gaule impuissante, divisée en cent États divers. Il allègue les ligues militaires, comme celle des Éduens et des Arvernes. Il imagine avant le IIIe siècle quelque chose comme un *panceltisme*. Mais le lecteur le plus étranger à ces choses aperçoit dans le langage l'incertitude du fait, quand cet auteur concède que l'État dont il parle n'était pas centralisé ; centralisé « *à la façon de l'empire de Napoléon* (2) », dit-il. Une telle comparaison marque clairement une chose, c'est que M. d'Arbois craint de s'expliquer sur le genre d'unité qu'il accorde à l'empire Celtique. Cet empire n'en avait d'aucune sorte. Les ligues militaires n'y font rien.

(1) P. 386 de cet ouvrage.
(2) Même ouv., p. 387.

Justement elles sont faites pour la guerre : elles sont donc tout le contraire d'une union permanente. Dire que les divisions entre les cités gauloises furent l'œuvre de la seule politique romaine, c'est lire dans César ce qui n'y est pas, et même le contraire de ce qui y est. Rien n'est si certain que ce point. On en trouvera la démonstration faite au paragraphe 2 de la 1re partie de la *Gaule Romaine*, de Fustel de Coulanges.

L'unité politique manquait donc aux Gaulois. Elle leur manquait absolument. Les Gaulois ne composaient, avant la conquête romaine, ni un État centralisé, ni un État fédératif, ni une ligue d'États, ni rien de ce genre. On peut demander, malgré tout, si quelque lien d'une autre espèce ne régnait pas entre eux.

On imagine au moins que le langage forma ce lien. Mais pour qu'il ait lieu en cette sorte, une littérature est nécessaire, et les Gaulois n'en avaient pas ; ils n'avaient pas même d'alphabet. Ce qui nous reste d'inscriptions gauloises est en caractères étrangers : en italique celle de la cathédrale de Novare, en latin celle de Volney au musée de Beaune, en grec celle de Vaison au musée d'Avignon. L'unité de langue même n'est pas certaine chez les Gaulois : c'est un fait que de savoir le breton, le gallois et l'irlandais, n'est d'aucun secours pour déchiffrer les inscriptions gauloises connues.

Beaucoup d'illusions à cet égard viennent de l'idée que nous nous faisons des Bardes et de leurs chants.

Volontiers nous voyons en eux la ressemblance des aèdes grecs, auteurs, gardiens et interprètes d'une commune pensée nationale, exprimée dans la poésie. Mais les Bardes, que nous imaginons au milieu du prestige d'une exceptionnelle antiquité, ne sont mentionnés qu'à partir du XIIe siècle après J.-C. Abailard et Jean de Sarisbéry sont les contemporains de cette antiquité-là. Entre eux et le monde gaulois, qu'il s'agit de connaître, c'est douze à quinze siècles d'intervalle.

A défaut de la poésie, croirons-nous que la religion a fait le lien d'une nation Gauloise ? Les Druides remontent à une antiquité à laquelle ne peuvent prétendre les Bardes. Les traits que la fantaisie des modernes leur prête, ne leur valent pas moins de prestige. Mais ce prestige est en partie de convention. Il n'a toute sa réalité que dans le roman, et tout son fondement que dans le défaut d'information des auteurs d'imagination et du public.

Les monuments mégalithiques n'ont aucun rapport avec les Druides. Ils sont d'un autre temps que ceux-ci : ils appartiennent à d'autres mœurs ; c'est par abus que plusieurs les ont nommés druidiques. Ainsi ce que la religion des Druides en reçoit de lustre est controuvé. Rien n'égale, aux yeux de l'antiquaire instruit, le caractère d'incohérence, presque de mascarade, de certains tableaux poétiques qui font valoir ce mélange dans le monde, et l'imposent à l'admiration. Pour peu qu'on y apporte un esprit informé, peut-on lire sans rire le tableau que Chateaubriand ose nous offrir, au livre IX des *Martyrs*, d'une réunion druidique et gauloise, à laquelle préside Velléda ?

Nous sommes priés de croire que cette auguste assemblée se formait au cri d'*au guillanneu*, et que les membres s'en faisaient appeler « fidèles enfants de Teutatès ».

Fidèles enfants de Teutatès (ainsi s'exprime Velléda), vous qui, au milieu de l'esclavage de votre patrie, avez conservé la religion et les lois de vos pères, je ne puis vous contempler ici sans verser des larmes. Est-ce là les restes de cette belle nation qui donnait des lois au monde ? Où sont ces *États florissants* de la Gaule ? Où sont ces druides qui élevaient dans leurs collèges une nombreuse jeunesse ? Proscrits par les tyrans, etc »

Des gens qui reprochent à Racine de manquer de couleur locale, ont loué cela. A propos des *États florissants* de la Gaule, l'auteur a cru utile de joindre cette note savante : « *On voit partout*, dans les *Commentaires* de César, les Gaulois tenant des *espèces d'États généraux*. » A *États florissants* on avouera que ce mot : *espèces d'États*, compose un commentaire modeste. Pourtant c'est trop encore, et ce dont parle César ne ressemble ni de près ni de loin à ce que dit Chateaubriand.

Le chant du Barde, dans Marchangy, n'est pas quelque chose de moins ridicule :

Jeunesse guerrière, printemps sacré, toi qui fais fleurir le nom des Celtes sur toute la terre, écoute en silence la voix du barde : c'est la mémoire de la patrie. Que serait le passé sans la lyre ?

La lyre, je pense, de Baour-Lormian. Il traduisit Ossian ; on croit l'entendre. Cependant ne nous moquons pas : mille de nos idées sur le sujet viennent de là et du tapage qu'entendit en ce genre l'ancienne société à son déclin. Chacun en était assourdi. Le goût national réclamait. Mes amis, disait le poète Lebrun,

Mes amis, qu'Apollon nous garde
Et des Fingals et des Oscars,
Et du sublime ennui d'un Barde
Qui chante au milieu des brouillards !

Quant aux collèges dont Velléda plaint tragiquement la disparition, où les druides « élevaient une nombreuse jeunesse », il est vrai que César en a parlé, en termes brefs et de peu d'intérêt. On y apprenait le cours des astres et l'immortalité de l'âme.

Hors cette immortalité de l'âme, crue par mille sectes sauvages aussi bien que civilisées, l'historien aperçoit dans la religion des Druides un tissu de superstitions grossières. Le gui du chêne y était, aux mains des prêtres, une panacée à guérir tous les maux ; des œufs de serpent faisaient un talisman, etc.

De quelque côté qu'on se tourne, on ne trouve donc l'unité nationale nulle part. Dans tout ce qu'on sait de la Gaule à cette époque, il n'est point de lieu où la loger. Au sens de *race*, sans doute il y avait une nation, mais il n'y avait pas de *patrie*.

Qui dit patrie dit permanence. Le nom, la qualité de celle-ci ne passent à la postérité que portés sur un héritage : héritage d'institutions ou d'idées, héritage d'une littérature, héritage d'un État. C'est une erreur de ne mettre dans cette définition que l'hérédité du sang. A fonder la patrie, l'hérédité du sang n'est pas moins inhabile qu'à fonder la famille. Elle ne saurait, dis-je, suffire en soi ; il en faut l'attestation publique. Il faut qu'un fils soit *réputé* tel. Il faut que la qualité de Français, de Romain, de Grec, reçoive de quelque autre chose que la race une consécration publique. Il est certain que la Gaule n'eut pas de quoi la fournir.

Cependant M. d'Arbois de Jubainville compare (toujours plein de l'illusion de cet empire Celtique) la nation Gauloise aux Latins et aux Grecs, lesquels, du sein d'un petit pays, ont rayonné sur l'univers (1). En vérité, cela est bien différent. C'est fausser les choses à plaisir et en matière grave. M. Jullian l'a bien senti, quand il donne en excuse aux discordes des Gaulois les discordes de la Grèce elle-même. La Grèce, en dépit de ces discordes, n'en a pas moins connu une vraie unité nationale : M. Jullian a raison en ce point ; mais cette unité nationale, que la politique tendait à rompre, avait son fort chez elle dans un état d'esprit partout égal et extrêmement avancé, dont l'éloquence, la poésie, la philosophie proclament l'impérissable

(1) *Premiers Habitants de la Gaule*, t. II, p. 255.

gloire. Ces liens si développés, si forts, il est difficile de les apercevoir chez les Gaulois. Remarquez qu'à l'égard de la politique elle-même, le contre-coup de cette unité morale se fait sentir, par exemple dans la persistance du sentiment qui ligua toute la Grèce contre le Perse au temps des guerres Médiques, sentiment auquel on ne peut comparer l'enthousiasme passager des cités gauloises à combattre le Romain sous Vercingétorix.

La civilisation des Gaulois au temps de César, dit M. d'Arbois, égale celle des temps homériques : « il n'y a manqué qu'Homère. » Il ne voit pas que, dans cette comparaison, Homère et ce qu'il représente, Homère et ses pareils sont tout.

Je voudrais réserver toute l'estime qu'inspirent des travaux aussi profonds, aussi modérés, aussi judicieux que le *Vercingétorix* de M. Jullian. Cependant je ne puis omettre de signaler ce que je regarde chez lui comme une erreur de fond. M. Jullian a le culte de Rome ; pourtant il donne des regrets à la nation Gauloise. On l'en voit faire le sacrifice comme d'une nationalité perdue, dont notre gloire postérieure aide à porter la perte. Je ne songe nullement à contester que de bon sang gaulois coule aux veines de la France, et que les qualités de ce sang, dont nos origines s'honorent, compose une part heureuse du patrimoine français. Mais cet aveu n'inspire aucun regret, parce qu'en devenant romain ce sang n'a point déchu, et qu'au titre de nation il n'avait rien à perdre, parce qu'il n'avait rien à changer : n'y ayant jamais eu vraiment de nation Gauloise.

Quand, par une allégorie élégante, M. Jullian prête à Vercingétorix les sentiments exprimés dans les discours des généraux grecs après Salamine, il donne dans une disparate notoire. Quand au titre d'un chapitre il inscrit cette question : *S'il y a eu des institutions fédérales*, il se donne à lui-même le change, par cette forme de doute apportée sur un point où la réponse est évidemment négative. Quand il nomme les compagnons du général gaulois « les chefs patriotes », il commet une erreur de vocabulaire. Il écrit : « la patrie gauloise » en commentaire d'un texte de César. Mais il est remarquable que César désigne la chose d'un autre nom ; il dit : « la liberté de tous *libertas omnium* », ce qui est bien différent.

J'ai peur que quelques-uns de nos meilleurs historiens ne négligent, sous le nom de « littérature », un peu du choix et de la recherche des mots, aussi indispensables en histoire qu'ailleurs, puisque la vérité historique ne se passe pas du terme propre. Plusieurs endroits de M. Jullian, exacts jusqu'au scrupule quant aux faits, reçoivent de l'inexactitude des termes un caractère d'erreur fondamentale. Prenons, par exemple, ce passage de l'excellent manuel *Gallia* (p. 11) :

La grande *nation* qui occupait le centre de la Gaule avait autrefois étendu son empire bien au delà des bornes de ce pays. Elle avait été, quelques siècles auparavant, la principale nation conquérante de l'Occident et du Nord de l'Europe. Sous la suprématie de sa peuplade la plus centrale, les Bituriges, elle avait *vu sa domination rayonner* au loin par le monde ; de grandes migrations d'hommes étaient parties de la Gaule, portant la terreur *du nom celtique* aux Grecs et aux Romains et aux autres Barbares. En Espagne s'était formée la population mixte des Celtibères ; les îles Britanniques étaient devenues à peu près *gauloises* ; en Italie, *une seconde Gaule, Gallia cisalpina*, s'était créée dans la vallée du Pô, et les Celtes, vainqueurs des Romains à la bataille de l'Allia, ne s'étaient arrêtés qu'au pied du Capitole. D'autres avaient occupé la vallée du Danube ; on en avait vu piller la Grèce, et, plus loin encore, les Gaulois avaient *fondé* en Asie un petit Etat, que les Grecs appelaient la Galatie. Au delà du Rhin ils s'étaient répandus jusqu'au bord de la Vistule. Bien des grandes villes européennes doivent leur origine aux Celtes. Cracovie en Pologne, Vienne en Autriche, Coïmbre en Portugal, York en Angleterre, Milan en Italie, ont des noms qui viennent du gaulois : ce sont des fondations d'hommes *de notre pays et de notre race.*

Je dis que tout ce morceau, véridique quant aux faits, ne laisse pas d'égarer le lecteur par le sens secondaire de plusieurs des mots employés. *Nation* pour désigner les Gaulois ne convient que dans un sens restreint ; il est offert ici dans sa plénitude. *Voir sa domination rayonner* sont des termes qui supposent un empire organisé, pourvu de quelque organe fixe et constant, en qui la nation résumée prend conscience de ses conquêtes, qui manqua toujours aux Gaulois. L'expression est au-dessus de la réalité ; au contraire, *peuplade* tombe au-dessous. Les îles Britanniques devenues *gauloises*, une *seconde Gaule* créée dans la plaine du Pô (comme on a dit *Nouvelle-Espagne, Nouvelle-Angleterre, Nouvelle-France*), trompent sur le sens d'une occupation que ne suivit nulle mise en valeur, nulle organisation, nulle assimilation, telles que les États dignes de ce nom les pratiquent. Mais entre toutes ces expressions je n'en vois pas de plus inexacte que celle de *terreur du nom celtique*. On a redouté le *nom romain* ; qu'on ait craint *les Celtes*, cela va de soi, mais on n'a pas craint le *nom celtique*, par la raison qu'il n'y en a jamais eu : n'y ayant jamais eu de Sénat celte pratiquant une politique celtique, de discipline celtique des armées, de mode celtique d'établissement, de domination, de conquête, en un mot de tout ce que représente ce terme magnifique, créé comme à l'usage de Rome, le *nom* français, le *nom* celtique, le *nom* romain.

Ces nuances fines, mais indispensables et d'une conséquence extrême, puisqu'en elles se résume et se cache toute la philosophie de l'histoire, n'échappent pas à l'auteur prévenu et frivole de l'*Essai sur les Mœurs*. Un tact de moraliste les lui faisait sentir. On en jugera par le morceau suivant, dont je prie qu'on fasse usage, pour distinguer les sens divers que peut prendre tour à tour le mot de nation.

Par delà le Taurus et le Caucase, à l'orient de la mer Caspienne, du Volga jusqu'à la Chine, et au nord jusqu'à la zone glaciale, s'étendent les immenses pays des anciens Scythes, qui se nommèrent depuis Tatares, du nom de Tatarkhan, l'un de leurs plus grands princes, et que nous appelons Tartares. Ces pays paraissent peuplés de temps immémorial, sans qu'on y ait presque jamais bâti de villes. La nature a donné à ces peuples, comme aux Arabes Bédouins, un goût pour la liberté et pour la vie errante qui leur a fait toujours regarder les villes comme les prisons où les rois, disent-ils, tiennent leurs esclaves.

Leurs courses continuelles, leur vie nécessairement frugale, peu de repos goûté en passant sous une tente, ou sur un chariot, ou sur la terre, en firent des générations d'hommes robustes, endurcis à la fatigue, qui, comme des bêtes féroces trop multipliées, se jetèrent loin de leurs tanières ; tantôt vers le Palus Méotide, lorsqu'ils chassèrent au ve siècle les habitants de ces contrées, qui se précipitèrent sur l'empire Romain ; tantôt à l'Orient et au Midi, vers l'Arménie et la Perse ; tantôt du côté de la Chine et jusqu'aux Indes. Ainsi ce vaste réservoir d'hommes ignorants et belliqueux a vomi ses inondations dans presque tout notre hémisphère, et les peuples qui habitent aujourd'hui ces déserts, privés de toute connaissance, savent seulement que leurs pères ont conquis le monde.

Ce qu'il y a d'avantage du côté des Gaulois n'empêchera pas d'entendre la leçon de ce morceau. Voilà proprement exprimée la gloire d'un peuple conquérant, à qui ne laisse pas de manquer un État régulier et une puissance organisée. Tout ce que ses mouvements emportent d'effets considérables dans le monde, ne doit pas nous faire prendre le change, nous le faire comparer à Rome et à la Grèce pour l'étendue de ses conquêtes, nous faire revendiquer son nom comme celui d'une nation et de notre patrie véritable.

Se dire Celte, c'est se réclamer de la patrie Gauloise, laquelle n'a jamais existé.

Cependant quelque chose résistait à César établi sur

le sol gaulois ; on me demandera quelle chose c'est. Je réponds : le sentiment élémentaire de l'indépendance, qu'on trouve chez les derniers sauvages, chez des peuples même bien inférieurs à ce qu'étaient alors les Gaulois.

Ce sentiment est louable sans doute. Celui qui ne considère que cela en un point particulier de l'histoire et qui ne contemple ce monde qu'en moraliste peut s'y intéresser, je l'avoue. Mais, si l'on pèse les conséquences et cela du strict point de vue français, comment ne pas nous garder de décrier César et l'œuvre des légions romaines ? Je ne nie pas qu'il y ait une patrie Gauloise, mais postérieure à la conquête, et ce qui l'a fait être vient des Romains. Cette patrie est l'œuvre de la conquête romaine. Rigoureusement parlant, les Gaulois, que nous aimons, ne se sont connus comme nation que Romains, parce qu'ils n'ont vu se former d'eux-mêmes, de leurs intérêts, de leurs qualités de race, de tous les liens naturels que la barbarie rendait stériles, une réalité nationale que par Rome. Comment donc, au nom de la patrie, nous plaindre d'événements dont l'effet fut de fonder pour nous la patrie ?

Quelque paradoxe que cela paraisse aux esprits des contemporains imbus du préjugé celtique, le fondateur de notre patrie, c'est César. Dans l'histoire du dernier effort que les cités de la Gaule tentèrent contre lui, l'intérêt dramatique se prend sans doute à Vercingétorix ; mais c'est à César, c'est à l'œuvre admirable ouverte en Gaule par la conquête, que doit judicieusement aller la reconnaissance de la nation.

La confirmation de tout ceci sort des plus anciens témoignages. Elle éclate dans le romanisme des anciens écrivains de la Gaule. Ces écrivains ne se sont plaints de rien. Un demi-siècle après la conquête romaine, on ne les voit pas donner un regret à l'indépendance du pays. Trogue-Pompée, historien gaulois du premier siècle, ne songe à écrire d'histoire que celle de Rome. Au temps de Claude, l'empereur, dans un discours public dont on peut croire au moins que Tacite (1) n'altère pas le sens, pouvait se louer comme d'une chose évidente et connue de la fidélité de la Gaule au nom romain.

Aucune guerre, dit l'empereur, n'a duré si peu que la guerre des Gaules, aucune n'a été suivie d'une paix aussi exactement gardée, aussi fidèle. Déjà mêlés à nous par les mœurs, par les arts, par les alliances, les Gaulois nous apportent leur or et leurs ressources, loin d'en vouloir profiter seuls.

Quelques historiens ont fait état de l'insurrection de Trèves et de Langres survenue l'an 69 de l'ère. Elle eut des causes particulières. Un Germain, Civilis, en avait pris la tête, et Velléda, la Velléda de Chateaubriand, qui y servit de prophétesse, (chose à retenir) était Germaine. Au cours de cette insurrection, prit place

(1) *Annales*, l. XI, ch. 24.

le fameux congrès de Reims, formé de leur propre mouvement par les députés des villes gauloises. On demanda s'il convenait de se séparer de Rome. Chacun répondit librement. Tous ou presque tous décidèrent de demeurer partie de l'Empire. De tels faits font mieux entendre la vérité que tous les commentaires.

J'ajoute que la Bretagne ne fit pas dans cette histoire plus de résistance que le reste du pays. Elle oublia la langue gauloise. Ce qu'elle offre aujourd'hui de celtique est l'effet d'invasions postérieures.

Parler de la suite des siècles est presque superflu. Cependant, comment ne pas citer ici les vers célèbres du poète Rutilius Namatianus, poète gaulois, à la louange de la grandeur romaine ?

Exaudi regina tui pulcherrima mundi
Inter sidereos Roma recepta polos.
Exaudi genitrix hominum genitrixque Deorum.

La romanisation fut telle, qu'elle inspire jusqu'à la résistance que la Gaule devait opposer à l'invasion germaine du ve siècle. Les Gaulois, devenus Romains, se défendaient contre les Barbares, avec autant de fidélité que nulle autre province de l'Empire.

Ces faits contredisent beaucoup d'idées modernes. L'antagonisme des races, dont nous parlons sans cesse, et sur lequel quelques-uns ont rebâti toute l'histoire, n'y paraît pas. « L'idée de race, dit Fustel de Coulanges (1), n'occupe aucune place dans les esprits de ce temps, et nous pouvons même affirmer qu'elle en est absente. »

Toutes nos idées modernes sont tournées à déshonorer la manière dont j'ai fait voir que la Gaule vaincue entra dans l'obéissance de Rome. Pour ce qu'ils s'imaginent être l'honneur national, combien de Français d'aujourd'hui voudraient pouvoir contester ces faits ! Les revendications allemandes en faveur d'Arminius ont gagné nos esprits. Elles ont gagné de nous faire rougir du beau titre par où nous entrons dans l'histoire, celui de province romaine, synonyme de grandeur politique, d'ordre et de culture supérieure. Il n'est pas de nation sans une ébauche de cela ; la nôtre à ses débuts en reçoit la plénitude : voilà le vrai titre de noblesse dont il convient de nous parer.

Voilà, dis-je, l'éloge solide, l'éloge durable du sang gaulois. Ce sang reçut aussitôt cette culture. L'éducation s'en fit en un moment. Fustel le remarque en quelques phrases d'allure décisive et souveraine. « La Gaule, dit-il, avait été belliqueuse, aussi longtemps que l'absence d'institutions fixes l'avait condamnée à la guerre perpétuelle. Elle aima la paix dès qu'elle eut un gouvernement stable. » Il loue chez ces Gaulois, dont on revendique les droits à se défendre de l'influence

(1) *La Gaule Romaine*, p. 108.

romaine « l'imitation louable du mieux (1) ». En une formule qui mérite de rester comme le résumé de ce chapitre d'histoire, le même auteur écrit encore : « Les Gaulois eurent assez d'intelligence pour comprendre que la civilisation valait mieux que la barbarie (2). »

Aussi bien, ne nous y trompons pas. Dans la question que j'examine ici, c'est la civilisation qui est en cause. On hait les devoirs qu'elle impose. Dans ce nom de patrie, que les uns rejettent et que d'autres plus habiles font semblant de défendre en en changeant le sens et la portée, c'est la règle et la discipline qu'on déteste. Aussi ne veut-on connaître de patrie, n'en admire-t-on la pure image, qu'à l'état barbare.

Contre la civilisation, contre la culture, on épouse la querelle des races. On l'épouse au nom de la nature, prise pour synonyme de désordre, de misère, de laideur et de révolte impuissante. Des Allemands ont trouvé le nom de *Urvoelker* pour désigner cette chimère d'une race conservée intacte dans le monde, à l'abri de toute influence et ne relevant que d'elle-même. Cette folle chimère nous travaille, nous impose ses revendications. La querelle du celtisme plonge des racines profondes dans une erreur d'ordre général. L'histoire de France n'est pas tout ce qu'elle désho-

(1) Même ouv., p. 173.
(2) Même, *pass.*

nore ; elle en veut, dans le fond, à tout l'ordre social; elle renverse les principes de l'avancement des peuples, dont la France offre un magnifique exemple.

Cependant ces barbares oublient que, sans les moyens que fournit la société, ils seraient même impuissants à revendiquer contre elle la cause de la barbarie. Ils ne connaissent même le nom des peuples au nom desquels ils décrient Rome, que par Rome. Nous ne connaissons les Gaulois que par César. « Gaulois, Allemands, Espagnols, Bretons, Sarmates, dit Voltaire, nous ne savons rien de nous (*de ceux, du moins, qu'une doctrine imparfaite représente comme nos seuls ancêtres*) avant dix-huit siècles, que ce que nos vainqueurs (*qui sont bien plus nous-mêmes*) ont pu nous en apprendre. »

Que l'esprit d'anarchie soit au fond du préjugé que je combats, le lecteur n'en verra pas sans intérêt la preuve dans quelques citations.

Il faut lire le livre de Jean Reynaud, *Terre et Ciel*, paru en 1854, pour concevoir les termes exacts de l'alliance que le préjugé celtique contracte avec la Révolution. Cet auteur regarde celle-ci comme l'effet du réveil de l'esprit celte. Cela ne serait rien : le commentaire est tout.

Le rayonnement de son génie (celui de la Gaule) plus *libre* et plus ouvert remplace dès à présent, devant l'élite des esprits, *ce vieux génie romain*, dont la *tyrannie* ou le *terre-à-terre* ont fini par fatiguer les nations... Sa philosophie a réveillé au XVIIIe siècle *le principe sacré de l'individualisme* et de la raison (1).

On voit de quelle manière, à quel titre, l'autorité de Rome est reniée : comme terre-à-terre, et c'est la querelle inepte du Romantisme ; comme tyrannique, et c'est la menace abominable de la Révolution.

Pictet, qui publia vers le même temps, en 1856, le fameux *Mystère des Bardes*, appelle dans sa préface ce langage de Reynaud une revendication « des droits de notre vieux génie gaulois ». Le *Mystère des Bardes* parut à Genève : autre signe d'origine, qu'il ne faut pas négliger. Cette publication jeta Henri Martin dans un enthousiasme qui fait rire, maintenant que l'origine récente de ce Mystère ne fait plus de doute pour personne.

« Le livre, écrit ce ridicule auteur au chapitre III de son Histoire, le livre des arcanes vient d'être révélé au monde savant... » Ce *monde savant* rend ici le même son que le mot science sur les lèvres d'un ministre de la République. Maçonnerie, huguenoterie, ne manquent pas d'appeler la science tout ce qui peut servir de prétexte à rejeter une opinion admise par les siècles, à détruire une gloire établie, à souiller quelque chose de grand. Rome est ici ce qu'elles attaquent. Les *Mystères des Bardes* servirent un temps

(1) P. XI de l'ouv. cit.

à cela ; ils sont maintenant hors de service. Les bons Français se garderont de les aller rechercher.

Les bons Français tiendront à faire cadrer l'amour de leur pays avec ce que ce pays est. Entre les divers peuples que le hasard des faits fit se rencontrer au berceau de leur histoire, ils éviteront de faire un choix que l'événement n'ait pas ratifié. Témoins vivants de l'excellence des effets, orgueilleux de la patrie que leur a faite l'histoire, ils n'auront garde d'en reviser le procès par l'analyse tendancieuse des causes. La loi d'un si heureux, d'un si noble succès, réglera leur jugement là-dessus, ordonnera toute leur philosophie.

Ils ne rejetteront rien de ce qui fit la France ; ils accueilleront chaque chose, mais à son rang. Un fait comme la conquête romaine en tient un de première importance. Ce qu'ils rendront de culte à ce qu'ils ont de sang gaulois n'ôtera rien du respect et de l'amour qu'ils doivent à la domination latine, mère des sociétés modernes. Ils se garderont de s'en dire les victimes, quand ils en sont les fils privilégiés.

L'histoire de Vercingétorix ne leur sera jamais une matière à reproche. Que l'histoire de sa résistance leur soit une raison de louer les vertus de la race, rien de plus juste ; mais cela même fera chérir plus encore la discipline qui devait employer ces vertus à l'édifice de la patrie.

CHAPITRE II

LE GERMANISME. — I. LA CONQUÊTE FRANQUE.

J'ai dit que la Gaule en tant que nation était venue romaine au monde. C'est un point dont il faut se pénétrer, si l'on veut comprendre la suite de son histoire.

Aux événements dont la mention va suivre, la Gaule ne joue de rôle que celui qui convient à une nation romaine, dont l'intérêt le plus général ne se distingue pas de l'intérêt de Rome, ne s'en détache qu'à mesure que Rome, trop faible, en abandonne la protection. Ne nous trompons donc point sur le nom de Gallo-Romains, qui n'est qu'une invention moderne. Depuis longtemps, quand les Barbares parurent, il n'y avait en Gaule que des Romains. L'histoire de notre patrie ne commence qu'avec l'histoire des Romains de Gaule ; pendant cinq siècles ceux dont elle fait mention ne se sont pas donné d'autre nom.

Ce serait donc une erreur d'aborder le récit de l'invasion germanique d'un esprit détaché du sort qu'elle réservait au nom romain. Concevoir devant l'envahisseur la moindre idée d'un juste retour des choses au détriment de l'Empire, et d'une revanche de Vercingétorix, mêler, ne fût-ce que peu, le souvenir gaulois aux sentiments que la Gaule éprouva du Germain, c'est compromettre par des idées exclusivement modernes l'intelligence des faits de l'histoire. En face de l'invasion Franque, si nous voulons être Français, il importe de nous sentir Romains.

Un préjugé nous en détourne. On ne peut se passer de l'examiner. Ce préjugé tient à deux sources : les habitudes prises au collège dans la fréquentation des auteurs anciens ; l'aversion que nous donne pour les empereurs le martyrologe chrétien.

L'idée que nous prenons, au collège, de Rome au temps de l'Empire, n'est pas bonne. Elle nous vient d'historiens et de poètes qui n'ont voulu louer que la République. Tacite et Juvénal ont donné de ces temps-là un tableau dont la noirceur passe tout. Chez tous les autres, la perte de la liberté fait un prétexte inépuisable de récriminations, d'invectives ou de regrets. Quelle liberté ? Celle des grandes familles de gouverner la République, liberté que l'Empire confisqua. Tous ces auteurs sont d'un parti. C'est ce que Voltaire avait bien vu, quand, dans un mot qui fait le scandale de nos maîtres de rhétorique, il appelle Tacite « un fanatique pétillant d'esprit ». Ils sont d'un parti des anciens nobles, dépossédés après un siècle des guerres civiles dont ils fatiguaient le monde.

Ces nobles eurent l'avantage, prépondérant dans la postérité, de suborner la littérature. En France les Jansénistes firent quelque chose comme cela au temps de Louis XIV. On peut mesurer l'avantage qu'ils en recueillent. L'aristocratie de Rome a fait contre l'Empire et porté à son terme la même conspiration des livres.

Il est curieux de comparer à l'opinion qu'ils font concevoir des choses en général, le résultat que donne un décompte exact des empereurs abominables, par exemple. Caligula, Néron, Domitien, Commode ; ces quatre noms ont suffi à déshonorer l'Empire. Le récit de leur cruauté offusque toute cette histoire, fait tenir hors de compte des trésors de sage gouvernement, de modération, de prudence, dont les Flaviens et les Antonins ont cependant laissé le souvenir. On taxe le régime de décadence. Cependant il a duré quatre siècles, et l'Europe moderne n'en est sortie qu'avec une empreinte la plus forte de toutes celles que l'histoire ait enregistrées jamais.

Il faut avouer qu'à nos yeux de catholiques l'Empire romain porte des tares moins pardonnables. Son souvenir est inséparable de celui des persécutions ; le renom de Marc-Aurèle lui-même en est atteint ; le souvenir de Julien est odieux. Mais de quelques justes reproches que l'Église charge la mémoire de ces princes, cependant, ne s'agissant que de régimes anciens, il est impossible de faire de leur conduite à son égard une raison de préférer un de ces régimes à l'autre. L'empire Romain a persécuté l'Eglise : tout autre aurait sans doute fait de même. Historiquement parlant, le christianisme à sa naissance ne pouvait manquer d'exciter la contradiction. Sa répression sanguinaire est une preuve éclatante de l'empire du mal sur la terre ; elle est une raison de détester le monde ; elle ne fournit aucun motif de haïr un régime en particulier.

Elle n'en a pas fourni aux chrétiens de ce temps-là. Tout persécutés qu'ils étaient, on ne les voit pas se plaindre du nom romain. L'invention de quelques-uns des modernes, qui font de l'Empire une puissance de Satan, n'est aucunement chez les anciens. On n'en voit pas trace dans leur pensée ; on n'en peut pas citer de témoignage.

Depuis que les empereurs se furent faits chrétiens, les docteurs de l'Église ne font entendre nulle récrimination sur le passé. Ils ne songent pas à opposer le présent, à mettre Rome en contraste avec Rome ; seulement leur attachement à Rome se corrobore de la reconnaissance de l'Église. Ils représentent l'Empire comme prédestiné, appelé de Dieu à titre d'instrument de son règne. C'est ainsi que le représente Bossuet dans son *Histoire universelle*. Saint Augustin et Paul Orose, vivant sous les empereurs, en un temps où durait le souvenir de tant d'affreuses persécutions, ne tiennent pas un autre langage.

Les modernes ont imaginé dans le Druidisme une religion moins hostile à la nôtre. Ils se sont représenté le paganisme germain comme une espèce d'allié du nom chrétien contre Rome. La cause des Barbares contre Rome leur paraît comme la cause du christianisme lui-même. Aux chants païens du Vénusberg, Wagner dans *Tannhäuser*, voulant opposer la pénitence chrétienne, fait accompagner le retour de celle-ci d'une chanson de dame Holle ou Holda, vieille divinité germanique. La vérité est au contraire que la conversion des Barbares suivit le degré d'influence que Rome exerça sur chaque peuple. Les plus soustraits à cette influence furent les plus lents à se faire chrétiens.

Cet effet était naturel. Tout l'effort de la prédication chrétienne s'exerçait dans l'Empire et sur ses citoyens : c'est d'eux qu'elle triompha d'abord. Du reste, à le prendre en soi, le paganisme germain n'est pas moins que le romain hostile au christianisme. On se demande même comment la pensée a pu venir de faire une différence à cet égard, et de rendre aux cauchemars gothiques d'Odin un honneur justement refusé à la poésie de l'Olympe.

Une antique tradition, qu'un sanctuaire consacre, veut que les druides aient élevé dans la forêt de Chartres un autel à la Vierge, *Virgini parituræ*. Cela ne saurait faire aux Druides d'autre honneur que celui d'une révélation. La religion qu'ils gardaient n'en est pas déclarée plus approchante du christianisme. Le paganisme de son côté a ses oracles sibyllins, dont la voûte de la chapelle Sixtine célèbre magnifiquement le souvenir, et que le *Dies iræ* mentionne :

Teste David cum Sibylla.

Tout cela est de nulle conséquence pour le décri ou l'éloge de l'Empire. Ce qui à cet égard est de première importance, ce qu'il ne faut pas se lasser de rappeler, c'est que l'Empire fut chrétien depuis l'an 312. Il y eut donc un régime en qui le nom romain fut lié à la cause de l'Église, et d'une manière bien autrement sensible, en un temps où l'Empire ne se distinguait pas du monde civilisé, que ne peut l'être à la même cause le sort d'aucune nation moderne. C'est sous l'empire Romain, c'est avec son secours, que l Église acheva de s'établir dans le monde ; c'est sa littérature que parlèrent ses docteurs ; c'est comme province romaine que la Gaule se fit chrétienne.

Qu'on remarque ce dernier point. Clovis se fit chrétien, lui, sa dynastie et ses soldats. Il n'a pas converti la Gaule ; elle était chrétienne depuis deux siècles. La conversion de Clovis assurait à l'avenir une lignée de princes chrétiens et catholiques, elle constituait la monarchie Française ; rien de moins, mais rien de plus.

Toutes ces raisons rendent évidente l'injustice que le préjugé moderne fait à l'Empire ; mais ce n'est pas assez de dépouiller la haine, il faut passer aux raisons de l'aimer.

Au despotisme prétendu de ce régime, à sa prétendue corruption, Français que nous sommes, il nous faut opposer la prospérité de la Gaule durant cinq siècles de gouvernement romain. Ce fut un essor sans pareil. Des routes furent construites, des écoles s'ouvrirent. Des monuments égaux à ceux de Rome répandirent partout les images de la magnificence et du bon goût. Les orateurs et les poètes fleurirent. On sait quels restes admirables un peu partout sur notre sol la domination romaine a laissés. Les vers des poètes de la Gaule, éclos jusque dans les âges que la pédanterie moderne taxe de décadence, prennent place dans les anthologies de nos collèges.

A ces âges on pourrait appliquer, il est vrai, le mot par où Voltaire dépeint le siècle de Louis XIV finissant : « La nature paraît se reposer. » Mais repos et décadence sont deux. Assurera-t-on que tout relâchement d'excellence et de perfection accuse la ruine ? Qui peut dire ce que l'Empire prolongé eût favorisé de floraisons nouvelles, quand on voit la latinité survivre à la destruction de cet empire, et suffire à la gloire intellectuelle du Moyen-Age, enfanter la renaissance du XIIe siècle, en attendant de revivre par l'imitation dans la plus grande et dans la plus parfaite des littératures modernes.

Il est à peine besoin de rappeler les bienfaits de l'administration romaine. Ils sont sans nombre. Rome en ceci fit régner l'ordre, sans contrarier les libertés. Elle favorisa les franchises des villes ; l'autonomie municipale ne fut jamais plus respectée.

Tout ceci sont autant de faits qui permettent à peine de s'arrêter à ces reproches vagues et généraux dont la déclamation révolutionnaire, brodant la « romaine hyperbole », obscurcit le tableau de la vérité.

« Il est facile, dit Fustel de Coulanges (1), de répéter que les mœurs étaient corrompues dans l'ancien empire Romain ; il est moins facile de trouver dans les documents la preuve de cette corruption. Quelques satires et quelques épigrammes ne démontrent rien. Il serait aussi contraire à la bonne méthode historique de juger cette époque sur deux ou trois fantaisies littéraires, que de juger la société athénienne d'après les comédies d'Aristophane, ou notre siècle d'après nos romans. Le vice est de toutes les sociétés. Celles qui savent le signaler et le poursuivre par leur littérature, n'en sont pas plus infectées que celles qui manquent d'écrivains pour le peindre. Il est vrai que l'empire Romain, grâce à une longue paix et à un grand travail, était riche. Mais les nations paisibles et prospères ne sont pas nécessai-

(1) *L'Invasion Germanique*, p. 211.

rement des nations dépravées. Richesse n'est pas vice, et pauvreté n'est pas toujours vertu. »

Dirons-nous que cette prospérité atteste les bonnes mœurs des citoyens de l'Empire ? Positivement nous ne le saurions. « On ne saurait, ajoute le même auteur (1), exiger de l'histoire un jugement formel sur la valeur morale des différents peuples. Au moins y a-t-il grande apparence qu'à cette époque la société de l'empire Romain, si imparfaite qu'elle fût, était encore ce qu'il y avait de plus régulier, de plus intelligent, de plus noble dans le genre humain. C'était en elle qu'on travaillait le plus. C'était chez elle que les qualités d'esprit étaient le plus appréciées. C'est d'elle enfin qu'est sortie l'Église chrétienne, qui dans les siècles suivants, en dépit du désordre social, a sauvé tout ce qui était conscience, élévation d'âme et culture intellectuelle. »

Et ceci pour conclure : « Dire que l'empire Romain a péri par l'effet de sa corruption, c'est dire une de ces phrases vides de sens qui nuisent si fort au progrès de la science historique et à la connaissance de la nature humaine (2) »

Il est vrai qu'on allègue les noires peintures de quelques prédicateurs chrétiens. Mais leur qualité de prédicateur empêche justement qu'on n'érige en

(1) Ouv. cit., p. 216.
(2) Même ouvrage, p. 215.

jugement *historique* leurs discours. Tout prédicateur est sévère, tout moraliste est exigeant. Il juge dans l'absolu, et son exhortation ne se soutient que par l'éloge impérieux du mieux ; la perfection seule le contente, et il s'agit ici de la perfection chrétienne. Au contraire, l'historien ne juge que par comparaison. Il envisage en morale les moyennes que donne l'histoire des sociétés. La science dont il fait profession, est des peuples, non des individus ; et l'on ne saurait attendre de tous ce qu'on a le droit de représenter comme obligatoire à chacun. Ainsi le jugement du *moraliste* n'est pas applicable en histoire.

« Quel est le riche, dit Salvien, qui n'est pas souillé de tous les crimes ? Où est celui qui n'est pas coupable de tous les vices ? » Voilà les mœurs de l'Empire, dit-on. Non pas, mais ceux de la société chrétienne : c'est des chrétiens que ce prêtre parle ainsi. « *Pœne omnis cœtus christianorum*, presque toutes les assemblées de chrétiens » (ce sont ses termes), que sont-elles ? « Une sentine de tous les vices, un assemblage de fornicateurs et d'adultères, d'entremetteurs et de courtisanes (*lenones et meretrices*) (1). » Là-dessus, dirons-nous que la chrétienté du IVe siècle était à la veille de sa ruine ? et si nous ne disons pas cela, pourquoi changerions-nous de méthode quand il s'agit de l'empire Romain ?

(1) Chez Fustel de Coulanges, œuv. cit., p. 214.

Parlons maintenant de la Germanie. Tout ce qui précède est nécessaire pour définir le préjugé auquel l'invasion des Germains donne matière. A la décadence supposée de l'Empire on imagine un remède dans cette invasion, dans les changements et même dans les destructions dont elle fut cause.

Les uns parlent de jeunesse des races, et tenant pour jeune la Germaine, représentent dans son intrusion une réparation de l'histoire ; les autres, tout pleins du préjugé des révolutions nécessaires, dépeignent comme un gage de l'avenir la révolution produite ainsi. Dans l'invasion germanique, ils se complaisent, dit Fustel, « à se figurer la marche régulière et presque solennelle d'un grand peuple, qui a besoin d'expansion et qui, du droit de sa forte et vertueuse jeunesse, va fonder de nouveaux États (1) ».

En conséquence, il faudrait que nous crussions que les nations modernes ont tiré leur empreinte des Germains. La France, en particulier, serait issue de l'apport de la Germanie. Ce qui fait le caractère de l'Europe au sortir de la domination romaine, c'est l'établissement du régime féodal : on veut donc que ce régime soit l'ouvrage des Barbares, que l'état social qui s'ensuit leur soit dû, en même temps que toutes les révolutions dont on assure que cet état fut cause. C'est le préjugé germanique.

(1) Ouv. cit., p. 342.

On le croit ancien ; il est récent, et on en peut aisément nommer le père. Le jurisconsulte Hotman, calviniste réfugié à Genève, le mit en cours au seizième siècle. Son livre intitulé *Gaule franque*, *Francogallia*, imprimé en 1574, appuie sur ce point principal, que la domination romaine est identique au despotisme, et que les institutions de contrôle du pouvoir, telles par exemple que les tenues d'États, sont l'invention des Francs qui conquirent la Gaule. Cette conquête eut, selon cet auteur, pour résultat de délivrer les Gaulois. L'effet de cette délivrance a duré jusqu'à l'établissement des Capétiens. Sous le règne du premier de ces princes, la France rentra dans le despotisme. Le lecteur trouvera l'exposé de cette philosophie dans de larges extraits que donne Augustin Thierry, au livre des *Considérations sur la France*.

On ne voit pas qu'elle ait eu d'écho pendant un siècle. Les ouvrages célèbres de Boulainvilliers la reprirent à la fin du règne de Louis XIV. Dans un esprit différent il est vrai, elle inspire l'*Histoire de l'ancien Gouvernement de la France* et la *Lettre sur les Parlements*, imprimées seulement en 1727. L'auteur y soutient cette thèse fameuse, passée depuis dans la croyance commune, que la noblesse française est franque, tandis que la roture est romaine.

On parla beaucoup de cette invention. Un grand nombre de lecteurs l'adoptèrent. L'abbé Dubos la réfuta dans son *Histoire critique de l'établissement de la Monarchie Française dans les Gaules* (1734). Depuis lors, les noms de Boulainvilliers et de Dubos ont représenté les deux partis auxquels on range les historiens : ce sont germanisme et romanisme. Selon Dubos, les constitutions de l'Europe n'accusaient d'auteur et de père que le régime Romain ; l'invasion des Barbares n'y avait pu toucher ; la puissance de ceux-ci n'était qu'une légende. Cet auteur assure que, sous le titre de roi, Clovis lui-même n'avait exercé qu'une fonction formellement déléguée par l'empereur.

Quelque parti qu'il s'agisse de prendre, et bien que l'indifférence entre ces deux historiens ne soit pas permise, cependant on ne peut dissimuler que l'un et l'autre manquent du sérieux requis en ces matières. Leurs raisons sont faibles, incomplètes, leur information est insuffisante. Montesquieu, malgré toute sa science, n'avança que peu la question. Son goût des tours piquants et sentencieux n'a guère permis de recueillir de lui que cette formule célèbre, de la liberté « née dans les forêts de la Germanie ». A peu de chose près, ce grand esprit croyait ce que Hotman et Boulainvilliers ont cru

Peut-être quelqu'un dira que la question est oiseuse, qu'elle n'intéresse que l'antiquaire. Mais il n'y a pas de thème historique où la politique ne soit concernée. Que ceux qui en doutent pèsent ces réflexions d'Augustin Thierry sur la Charte de Louis XVIII. Elles s'appliquent à la question présente.

Louis XVIII tâcha, dit cet historien, de *prendre fortement son point d'appui dans l'histoire*, et en cela il eut raison.

Et il ajoute, au sujet de ce qu'il croit une erreur politique du roi :

S'il est vrai que cette erreur fut en grande partie le fruit de préoccupations politiques, il n'est pas moins vrai que l'*incertitude qui régnait alors dans la* THÉORIE DE NOTRE HISTOIRE, *que l'anarchie des systèmes légués par le dix-huitième siècle*, y contribua.

Siéyès, dans sa fameuse brochure du *Tiers État*, conseille de renvoyer les nobles qui se défendent par un droit de conquête, « dans les forêts de la Franconie » : preuve que cet argument avait cours au temps de la Révolution. Mably, dont les écrits sont une cause de celle-ci, soutient que la liberté est l'invention de la Germanie. Seulement il la dit opprimée par l'établissement de la noblesse. C'est proprement la thèse d'Hotman. Ce père du jacobinisme s'accorde avec ce huguenot. Boulainvilliers fait de la noblesse, au contraire, une création de la Germanie. Tous conviennent, en ceci, que les nations modernes tirent des Barbares leur manière d'être. Aux yeux des démocrates d'entre eux, cette manière d'être s'oppose au régime impérial, comme la liberté au despotisme. Une fois de plus c'est ce que soutient Mlle de Lézardière dans sa *Théorie des Lois politiques de la Monarchie Française*, parue en 1792.

Il est à peine nécessaire de dire que tous ces auteurs donnent dans l'illusion qui, attribuant aux races les âges de l'homme, compose un argument de la jeunesse des races. Cette jeunesse leur paraît l'apanage des Barbares ; ils peignent l'empire Romain sous les traits d'un vieillard. Faut-il dire que rien dans les textes n'autorise à se confier dans une pareille peinture? On ne citerait pas un trait du temps qui donne à entendre que les Romains se soient crus à la fin de leur destinée. Tout ce que les modernes ont entassé là-dessus de figures et d'allégories, tout ce qu'ils en ont tiré de traits d'éloquence et de conséquences philosophiques, n'est qu'un effet de la fantaisie.

Quant à la Germanie, on s'abuse quand on pense exprimer par là rien qui ressemble soit à un État, soit même à une nation. Nous parlons de décadence de l'Empire ; la décadence précisément était le fait de la Germanie au cinquième siècle. Depuis le temps où Tacite avait écrit son livre, les peuples de ces contrées n'avaient fait que déchoir. Nous en tenons le témoignage d'Ammien Marcellin, de Jornandès, de Procope, sans compter ce qu'on peut tirer de saint Grégoire de Tours à ce sujet. Sociétés politiques rompues, religions dissoutes, peuples décimés, nations éteintes, tel est le résumé précis de ces trois siècles pour la Germanie ; tel est l'état où on la trouve au moment de ce qu'on nomme l'invasion.

C'est un premier point. Le second, c'est que jamais

ces débris de peuples ne conjurèrent contre l'Empire. L'Empire ne fut jamais pour ces peuples un ennemi dont ils aient recherché la destruction.

Il leur manquait pour cela l'union entre eux. Ce défaut d'union est si certain, la haine de l'Empire est si loin de leur imposer rien d'approchant, qu'ils recherchent la paix avec l'Empire afin de se mieux battre entre eux. Ceci n'est point une opinion, mais les propres paroles des Suèves à Honorius, rapportées dans Paul Orose (1), qu'on ne lira pas sans intérêt :

> Reste en paix, disent ces Barbares à l'empereur, avec nous tous ; laisse-nous seulement nous battre entre nous.
> *Tu cum omnibus pacem habe ; nos nobis confligimus.*

L'Empire, loin d'être en horreur aux Germains, loin de reconnaître en eux la cause de sa mort prochaine, recevait d'eux des offres de service, qu'il acceptait. Des soldats germains, des troupes germaines, étaient enrôlés dans ses armées ; des Germains demandaient et se voyaient accorder des offices dans les bureaux du palais. Le type du Germain ennemi de Rome, méprisant comme une déchéance les commodités d'existence qu'elle offrait, plaçant au-dessus de ses corruptions les rudes vertus d'une vie frugale et laborieuse, nous est devenu si familier, que nous le prenons pour un trait d'histoire. Cependant il ne remonte

(1) Chez Fustel de Coulanges, *l'Invasion Germanique*, p. 311.

pas au delà de l'*Horloge des Princes ou le livre de Marc-Aurèle*, composé en 1529 par Antoine de Guevara, d'où l'on sait peut-être que Lafontaine a tiré l'anecdote de son *Paysan du Danube*. Elle ne provient d'aucun texte ancien.

Les textes anciens disent tout le contraire. Le trait suivant est de Tacite (1):

Deux ambassadeurs germains viennent à Rome. On les conduit au théâtre. Ils remarquent quelques étrangers assis aux premiers rangs de l'assistance. « Ce sont, leur dit-on aussitôt, des places d'honneur qu'on accorde aux nations les plus amies de Rome. — Eh bien, répliquent ces ambassadeurs, aucune nation ne surpasse les Germains en fidélité. » Et ils vont occuper ces places. Quelques jours après ils quittent Rome, après s'être fait donner le titre de citoyens romains.

Voilà pour le mépris du luxe et des plaisirs de Rome que les Germains ont professé, voilà pour la fierté qu'ils mettaient à garder en face de ces pompes le nom de Germains et l'indépendance. Voici pour l'opinion que les Barbares avaient de l'édifice politique de Rome et du respect qu'il méritait. Le témoignage vient d'Olympiodore (2). Ataulphe, selon cet auteur, avouait qu'il avait un moment songé à

(1) Chez Fustel de Coulanges, *l'Invasion Germanique*, p. 315.
(2) Chez Fustel de Coulanges, ouv. cit., p. 514.

détruire l'empire Romain et à élever sur ses ruines un empire Gothique, mais il renonça à ce projet.

S'étant aperçu, dit l'auteur ancien, que les Goths étaient encore trop barbares pour obéir à des lois, et que sans lois il est impossible de fonder un État, il s'était donné pour tâche d'employer les forces des Goths à rétablir le lustre et l'autorité de l'empire Romain.

Tel est le vrai tableau des choses. On n'y voit pas, entre le Germain et le Romain, d'inimitié héréditaire. « Pour les Germains d'alors, dit Fustel de Coulanges, l'ennemi héréditaire, c'est le Germain. » Ainsi les invasions barbares n'ont pas le caractère qu'on leur prête.

Ce qu'elles présentent de violences n'est pas l'effet d'un dessein formé, mais le résultat de circonstances qui n'ont accompagné qu'une partie de l'événement. Il est vrai que les incursions barbares, opérées de vive force et à main armée, sont ce qu'on en devait surtout retenir, parce qu'elles font autant de faits détachés et distincts, sujets à l'assignation des dates. En 404 nous savons que Radagaise fit la conquête de l'Italie. Les Burgondes et les Visigoths envahissent la Gaule de 406 à 411. Une incursion des Francs est mise vers le même temps. Un demi-siècle plus tard, en 451, se place l'invasion d'Attila.

Voilà, dis-je, ce que nous retenons de l'histoire ; voilà ce qui vient au premier plan dans les récits. Cependant il faut considérer que les peuples ici nommés n'étaient pas à l'état de corps de nation, mais de bandes, et qu'ils ne venaient pas avec le dessein de conquérir, mais seulement pour ravager. De ces Barbares il ne resta rien. Leur court passage ne fut marqué que par les brigandages qu'ils commirent. Ceux qui fondèrent les diverses monarchies au nombre desquelles compte la monarchie Franque, sont des Barbares d'une autre sorte : c'est à connaître ceux-là qu'il convient de s'appliquer.

Les Barbares dont il s'agit ici étaient entrés en Gaule non comme ennemis et combattants, mais à titre de colons et de soldats de l'Empire.

Rien n'est si constant que le fait de ces colonies barbares autorisées par l'administration romaine et recherchées de ceux qui les formaient. Michelet a feint (1) qu'ils le regrettaient ensuite, et que, bientôt las des avantages que donne la civilisation, ils s'empressaient de quitter ces établissements et de rejoindre la barbarie.

On sait, dit pompeusement cet auteur, le hardi voyage de ces pirates, qui partirent, *ennuyés de leur exil*, pour aller *revoir leur Rhin*, pillant sur les côtes de l'Asie, de la Grèce, de la Sicile, et vinrent aborder *tranquillement* dans la Frise et dans la Batavie.

Il est fâcheux que les textes qui rapportent le fait ne disent pas cela, ne contiennent rien de pareil à

(1) Chez Fustel de Coulanges, ouv. cit., p. 369.

cette *réclame* en faveur de l'état sauvage. Michelet commente ici l'estampe mise en tête du *Discours de l'Inégalité parmi les Hommes*, où l'on voit un sauvage adopté par un Espagnol de la conquête, renoncer, quand vient l'âge d'homme, aux avantages de la société des blancs. « Il retourna, dit le texte, chez ses égaux. » Ce texte est de Rousseau ; mais Zozime, auquel est emprunté le voyage des pirates, ne dit autre chose sinon qu'après avoir pillé ils sont rentrés chez eux : 'Επανελθεῖν οἴκαδε ; ce qui ne signifie ni le Rhin, ni la Batavie, mais la colonie où ils vivaient établis, et à laquelle ils n'avaient garde de renoncer.

Il faut voir la manière dont Ammien Marcellin (1) fait parler les colons de l'Empire :

> Nous sommes prêts, disent ces Barbares, si c'est la volonté de l'empereur, à vivre dans les limites de l'Empire et à occuper un district aussi éloigné qu'on voudra ; désormais tranquilles, nous serons voués au culte de la paix comme d'une divinité bienfaisante, et nous accepterons les charges et même le nom de tributaires.

Outre ces colonies, outre les troupes barbares, nombre de soldats barbares se trouvaient mêlés et confondus dans les armées de l'Empire, nombre de Barbares vivaient dispersés dans l'Empire à l'état de colons. Ces individus dispersés renforçaient la situation des troupes et des colonies. Cette situation n'a-

(1) Chez Fustel de Coulanges, ouv. cit., p. 371.

vait rien d'hostile, elle n'empruntait rien d'une rivalité de races. D'elle est sortie pourtant ce qu'on nomme la conquête ; l'établissement des Francs n'a pas d'autre origine.

Entre les tribus germaines qu'on désignait du nom de Francs, quelques-unes vivaient sur la rive gauche du Rhin, dans un pays où de bonne heure on leur voit Tournay pour capitale. Cette capitale, le roi qui y demeurait, les tribus germaines ainsi groupées, c'est le berceau de la monarchie Française.

Notez que le nom de Francs ne désigne pas une race ; il ne désigne pas plus une confédération ; on croit discerner qu'il ne s'applique qu'à des bandes. Le premier de leurs princes connus d'une façon utile pour cette histoire, est Childéric. Son tombeau a été découvert à Tournay. Les objets vénérables qu'il contenait et dont l'archiduc fit présent dans le temps à Louis XIV, composent une partie du trésor de notre Cabinet de France.

Le commun de nos manuels représente dans ce prince le roi d'une nation établie dans la Gaule romaine par conquête. Il faut savoir que toute attestation d'une conquête des Francs fait défaut. Il faut savoir que l'histoire de Childéric offre des preuves certaines qu'il n'y en eut jamais.

Ces preuves sont contenues dans le récit fameux que les Chroniques de Saint-Denis ont transmis, de l'exil de Childéric et des adieux de Guinemond. Le mécontentement des Francs fut cause de cet exil. Guinemond, avant qu'il partît, ayant partagé un besant, l'avertit d'en emporter la moitié, promettant de lui faire passer l'autre moitié quand il serait temps pour lui de revenir. Saint Grégoire de Tours ajoute qu'à son départ, Egidius, maître de la milice, lui succéda. Ce nom est estropié par les moines de Saint-Denis ; ils le nomment Gélon le romain. L'intervention de cet officier de l'Empire établit d'une manière péremptoire que, sous le nom de royaume des Francs, il ne faut entendre en ce temps-là qu'une dépendance de la puissance romaine. Frédégaire ajoute qu'Egidius choisit un vice-roi, *subregulus*.

Mais continuons. Childéric redevient roi. Dans quelles conditions? Après une visite faite à l'empereur Libius Sévère dans Ravenne (le chroniqueur dit Rome par erreur), qui le rétablit contre Egidius. Il faut croire que ce dernier avait manqué à la fidélité de l'empereur, car Childéric parle à l'empereur en ces termes : « Ordonne que moi, ton serviteur, j'aille en Gaule, et je te vengerai d'Egidius. »

Ainsi ces Francs, les Francs d'où tire son origine la monarchie Française, n'étaient pas conquérants, mais fédérés de l'Empire. Seuls demeuraient ennemis de celui-ci les Francs restés sur la rive droite du Rhin Les nôtres se composaient d'anciens Sicambres, de Chamaves et de ceux qu'on appelait Saliens. Ils étaient peu nombreux. Saint Grégoire de Tours en compte 3 000 baptisés avec Clovis au baptistère de Reims ; il représente ces trois mille hommes comme le peuple Franc tout entier.

Maintenant remarquons une chose. Dans le pays qu'ils occupaient, ces Barbares exerçaient au nom de l'Empire toute l'autorité militaire. L'Empire ayant enfin cessé de placer des fonctionnaires civils auprès de cette autorité, le pouvoir de ces Barbares s'étendit (au nom de l'Empire toujours) jusqu'aux indigènes, qui désormais ne furent distingués qu'en un point : c'est que le droit romain réglait leur condition, tandis que le droit barbare réglait celle des autres.

On conçoit aisément que ce pouvoir militaire, exercé sans contrepoids, ait été pour les rois francs le commencement de l'indépendance. Le défaut d'empereur à Ravenne la consomma en 476.

Que le lecteur veuille bien appliquer son esprit aux effets de cette suppression. Elle n'est pas, comme on croit, la suppression de l'Empire. L'Empire continuait d'exister et d'être exercé par l'empereur résidant à Constantinople. Nous l'appelons empire d'Orient ; mais dans les termes officiels il n'y eut jamais d'empire d'Orient. Le partage de l'Empire en deux par Théodose n'est pas exactement conforme à la vérité historique. Il n'y eut toujours qu'un seul Empire, quoiqu'il y eût en effet deux empereurs. Chacun administrait la moitié de l'Empire ; mais il fallait qu'ils prissent en commun certaines résolutions, comme le choix des consuls.

Ce que nous appelons la fin de l'empire d'Occident ne fut donc en droit que la suppression d'un siège impérial en Occident, le retour de tout l'Empire aux mains d'un seul empereur. Cela n'est pas assuré seulement comme conséquence de ce qui précède ; cela paraît jusque dans la procédure tenue par Odoacre, le conquérant de Rome, à l'égard de l'empereur grec Zénon.

Ainsi, tout ce qu'on a vu de la monarchie Franque doit être vérifié comme suit : il faut que depuis 476 on voie cette monarchie sujette des empereurs de Constantinople ; et c'est ce qu'on voit en effet. Les monnaies franques portent l'effigie de ceux-ci ; cette circonstance se prolonge sous Justinien et jusque sous Justin II. C'est la confirmation de la thèse parfaitement établie par Fustel de Coulanges, et de fait incontestée.

Pendant ce temps, le fils de Childéric, délégué de Rome, disputait aux autres délégués de Rome leur juridiction sur la Gaule. Tel est le caractère des guerres que Clovis mena contre Syagrius, contre les Visigoths et contre les Burgondes. Ce sont des luttes entre égaux, que ne suit aucune conquête proprement dite. Une seule fois on voit ce roi attaquer et vaincre de vrais ennemis ; chose remarquable, ce sont des Germains : les Allemands, nation d'outre-Rhin.

Après la bataille de Vouillé, on sait que Clovis reçut les insignes de consul, décernés par l'empereur Anastase. Il les revêtit dans Tours en grande solennité. On concevra maintenant le sens de cet événement : en droit, cet empereur était son maître. Ajoutez qu'il ne l'était plus que de nom ; le moment vint où le nom même de cette dépendance périt.

Dans deux passages d'une grande précision, l'auteur de la Vie de sainte Thérèse résume la succession de ces faits. Parlant de l'année 524, il écrit (1) :

C'était le temps où la Gaule était sous la domination de l'empereur Justin.

Venant à l'année 539 :

Alors, dit-il, les rois, laissant de côté les droits de l'Empire et ne tenant plus compte de la souveraineté de la république Romaine, gouvernaient en leur propre nom et exerçaient un pouvoir personnel.

On sait combien l'appui des évêques aida, depuis Clovis, la monarchie Franque à acquérir cette indépendance. L'Empire cessa de nommer des préfets du prétoire : ce que la Gaule conservait de troupes impériales se donna aux Francs (2) : la conquête franque fut ainsi consommée.

Elle n'a rien d'une conquête telle qu'on se la figure.

(1) Chez Fustel de Coulanges, ouv. cit., p. 510.
(2) V. Procope, même ouvrage, p. 494.

Quelqu'un dira peut-être que le résultat est le même, qu'enfin l'autorité romaine fut remplacée par la barbare. C'est oublier que la manière dont ont lieu les révolutions, importe.

Les Francs devenaient maîtres sans prétendre aucun droit ; aucun, hors celui de leurs rois à gouverner la Gaule, ne leur fut remis. L'autorité de l'Empire céda, mais ce fut le droit germanique qui disparut, ce fut la langue latine qu'on parla. La Gaule resta romaine sous des rois francs.

Ces rois francs se firent romains eux-mêmes autant qu'ils purent, autant que la barbarie originelle, soutenue de celle qui gagnait autour d'eux, le permettait. Ils ne changèrent rien en principe à l'administration romaine. Au milieu du désordre causé par la dislocation de l'Empire, ils prirent autant qu'il se pouvait la place des anciens fonctionnaires impériaux ; ils se substituèrent au préfet du prétoire et au maître de la milice.

Comme il n'y eut pas de conquête alors, il n'y eut pas davantage de confiscation de terre ; il n'y eut pas de distribution de terres des rois francs à leurs soldats. Ces terres distribuées, qui n'existèrent pas, n'eurent garde de se nommer *alleu*, comme l'impriment faussement les manuels qui continuent de circuler dans nos collèges. Dans l'*Alleu et le Domaine rural*, Fustel de Coulanges a démontré que le mot alleu ne veut dire qu' « héritage ». Contre trente ou quarante textes allégués par M. Glasson, tous lus par ce dernier sans critique suffisante, il démontre, au chapitre v de ce livre, qu'aucune propriété collective des Francs ne se nomma *marca* dans la Gaule.

Ainsi aucun établissement d'un régime Franc n'a signalé la conquête franque ; ainsi la féodalité ne saurait venir d'un régime Franc.

Aucune institution apportée par les Francs n'a changé les destinées de la Gaule, n'a décidé de son avenir. Rien de ce qu'on trouve dans son histoire plus tard n'est l'apport de la Germanie. Le seul effet de l'invasion fut le désordre. Les suites de ce désordre furent considérables; elles n'ont en soi rien de germanique.

Telle est la conclusion qu'imposent les faits contenus dans ce chapitre. La conséquence en est considérable. Elle s'étend jusqu'aux conditions de la vie civile dans notre pays. Le germanisme a fait pis encore que nous rendre infidèles à la culture latine, il a soufflé chez nous la guerre civile. Deux classes de citoyens représentées l'une à l'autre comme les descendants de deux races ennemies, se sont éprises d'une haine réciproque, dont les éclats ont remué la France jusqu'aux fondements, et dont le feu impie n'est point éteint. En prouvant la fausseté du préjugé germanique, l'historien sent la joie de s'attaquer aux causes les plus profondes de cette haine. Il recueille la gloire de les dissiper.

« On se représente ordinairement, dit Fustel de Coulanges, au début de l'histoire de la France une grande invasion de Germains. On se figure la Gaule vaincue, conquise, asservie. Cet événement a pris dans les livres et dans les imaginations des proportions énormes. Il semble qu'il ait changé la face du pays et donné à ses destinées une direction qu'elles n'auraient pas eue sans lui. Il est, pour beaucoup d'historiens et pour la foule, la source d'où est venue tout l'ancien régime. Les seigneurs féodaux passent pour être les fils des Germains, et les serfs de la glèbe pour être les fils des Gaulois. Une conquête, c'est-à-dire un acte brutal, se place ainsi comme l'origine unique de l'ancienne société française. Tous les grands faits de notre histoire sont expliqués et jugés au nom de cette iniquité première. La féodalité est représentée comme le règne des conquérants, l'affranchissement des communes comme le réveil des vaincus, et la révolution de 1789 comme leur revanche.

« Il faut reconnaître que cette manière d'envisager l'histoire n'est pas ancienne. Les anciens chroniqueurs, qui étaient contemporains de ce que nous appelons l'invasion germanique, mentionnent beaucoup de ravages et de dévastations ; ils ne parlent jamais d'une conquête, c'est-à-dire d'une race vaincue et d'une population asservie. Cette idée n'apparaît pas davantage dans les écrivains des siècles suivants. Le Moyen-Age a beaucoup écrit ; ni dans ses chroniques ni dans ses romans nous ne trouvons trace d'une conquête générale de la Gaule. On y parle sans cesse de seigneurs et de serfs, mais on n'y dit jamais que les seigneurs soient les fils des conquérants, ou que les serfs soient les fils des vaincus. Philippe de Beaumanoir au XIIIe siècle, Comines au XVIe et une foule d'autres, cherchent à expliquer l'origine de l'inégalité sociale, et il ne leur vient pas à l'esprit que la féodalité et le servage dérivent d'une ancienne conquête. L'opinion qui place au début de notre histoire une grande invasion qui partage dès lors la population française en deux races inégales et ennemies, n'a commencé à poindre qu'au XVIIe siècle, elle a surtout pris crédit au XVIIIe et pèse encore sur notre société présente : opinion dangereuse qui a répandu dans les esprits des idées fausses sur la manière dont se constituent les sociétés humaines, qui a répandu aussi dans les cœurs des sentiments mauvais de haine et de vengeance (1). »

C'est de tels sentiments qu'il convient de s'affranchir, en rétablissant la vérité de l'histoire.

(1) *Revue des Deux Mondes*, 15 mai 1872.

CHAPITRE III

LE GERMANISME. — II. LES CARLOVINGIENS.

Le préjugé germanique est tenace. Délogé de la monarchie Franque des origines, il s'installe dans le commentaire de ses destinées ultérieures.

Les temps mérovingiens sont remplis de guerres civiles. Il n'est pas un manuel de classe qui ne mêle au récit de ces guerres les échappées d'une politique profonde. Dans ce style important que M. Thiers enseigne, où des grimaces d'éloquence classique couvrent un vide de science et de réflexion, ils découvrent à nos yeux toute l'histoire d'une transformation de régime, attestée dans les effets de ces guerres. Cet air philosophe, ayant pour effet d'ordonner des récits autrement monotones, est favorablement accueilli du lecteur. Ainsi s'explique le crédit rencontré par des inventions aussi téméraires que frivoles, et la sécurité avec laquelle on les répète après des réfutations péremptoires.

Je rappelle qu'en 573, Sigebert, roi d'Austrasie, petit-fils de Clovis, déclara la guerre à Chilpéric, roi de Neustrie, son frère, meurtrier de Galesuinde, par le conseil et excitation de Brunehaut sa femme, sœur de celle-ci. Chilpéric allait être pris dans Tournay (575), quand Frédégonde, qu'il avait épousée, fit assassiner Sigebert. Childebert son fils fut proclamé. Le meurtre de Chilpéric lui-même, qui survint réduisit les deux partis à l'impuissance. Gontran, troisième frère, intervient, pour profiter, sous le nom de médiateur, de la jeunesse de ses neveux. Brunehaut et lui s'accordèrent par le traité d'Andelot, en 587. Gontran mourut en 593, et la guerre recommença. Childebert périt empoisonné (596). Les deux petits-fils de Brunehaut, maîtres chacun d'une partie de l'héritage, se liguent contre la Neustrie. Frédégonde meurt en 597. Théodebert, l'un des deux princes, fait défection ; l'autre, Thierry, le poursuit, le bat et le fait mourir en 612 Lui-même meurt en 613. Cette mort livre Brunehaut au fils de Frédégonde, Clotaire II, qui ordonne son supplice.

C'est la première période de cette histoire. La fin en est marquée en outre par l'édit de Clotaire II, en 614. L'autre période est remplie des noms d'Ebroïn et de saint Léger.

Le premier fut maire du palais de Neustrie en 659. Le second prit contre lui le parti des grands, qu'il voulait abaisser. Après plusieurs vicissitudes, Ebroïn triomphe, met à mort saint Léger, là-dessus mène la guerre contre l'Austrasie, puis meurt assassiné en

681. En 687, la bataille de Testry range sous la puissance de Pépin d'Héristal, maire d'Austrasie, toute la monarchie Franque.

Tels sont les événements que les modernes ont accommodés en système, de la façon que je vais dire, en se fondant sur plusieurs remarques.

La première est que l'Austrasie, qui eut Metz pour capitale, était de population moins romaine que germanique ; d'assez bonne heure l'allemand régna comme langue vulgaire dans cette contrée. Au contraire, la Neustrie est toute latine de langue : sa capitale était Paris. Là-dessus les historiens supposent que la guerre que se firent ces deux États tenait à de profondes diversités de mœurs, et à des conceptions politiques différentes : ces conceptions, ces mœurs étant l'effet de la race.

En suivant cette idée, ils en sont venus à prendre et à faire regarder la bataille de Testry comme un triomphe des mœurs germaines et des préférences politiques germaniques. La dynastie Carlovingienne, dont cette bataille assura le pouvoir, est représentée ainsi comme l'instrument d'un triomphe du germanisme.

Un second point consiste dans la réputation qu'on donne à la reine Brunehaut d'avoir aimé, recherché, propagé la civilisation romaine. C'est un lieu commun de nos manuels d'histoire. Les tours Brunehaut, les chaussées Brunehaut, qu'on trouve ainsi nommées en quelques endroits de notre pays, ont fait de la sorte une merveilleuse fortune. Représentée comme auteur de ces anciens monuments, cette reine revêt aux yeux de la postérité le visage classique des princes bâtisseurs, amis de la civilisation. Il n'y en avait pas d'autre alors que la romaine. Michelet a là-dessus quelques paroles émues, qui font sans doute le plus grand honneur à l'imagination romantique. Ces seuls témoignages lui sont garants que le souvenir de Brunehaut avait effacé celui des Romains dans nos provinces du nord. Touchante reconnaissance des peuples ! on ne nous dit pas de quels bienfaits.

Maintenant voici la conséquence qu'on tire. Une trahison des grands d'Austrasie fut la cause qui livra Brunehaut à Clotaire. Le germanisme, qu'on se pique de découvrir dans les causes d'un malheur si grand tombé sur cette amie de Rome, passe en conséquence pour avoir été le fait de ces grands d'Austrasie. Ainsi le parti des nobles est le parti des Germains. Dans je ne sais combien d'esprits ces deux idées sont comme identiques; par là le système se corrobore. Il se présente dans une parfaite symétrie, dans un accord irréprochable.

La guerre civile se change en guerre de race. La guerre de race déclare l'antagonisme de deux systèmes politiques : le monarchique et l'aristocratique; l'un administratif, imité de l'Empire ; l'autre déjà féodal, issu de la Germanie.

Ce qu'on vient de lire a pu faire mesurer la témérité d'un commentaire de faits en eux-mêmes indifférents. Ce qui suit montre davantage : il met en lumière l'erreur de fait.

On assure que le traité d'Andelot est un pas en avant de l'aristocratie d'alors, une victoire du principe féodal et des nobles sur la monarchie Franque latinisée. La raison de cela est que les terres que les grands tenaient à titre de bénéfice, auraient été changées alors en donations perpétuelles.

En second lieu, on représente l'édit de 614 comme le triomphe définitif de la même cause. Par cet édit, dit-on, Clotaire II se soumettait à l'obligation de ne plus choisir, pour chaque pays, les comtes que parmi les propriétaires du pays.

On peut à peine donner une idée du tapage que les historiens ont fait de cet édit de 614 ; Michelet l'ayant nommé de sa propre autorité une *constitution perpétuelle*, ce mot a passé dans les manuels d'histoire, les auteurs de ceux-ci ayant cru que les textes fournissaient cette désignation. Tel est le sans-gêne que ces historiens pratiquent. Puis on a représenté que les rois fainéants étaient un effet de cette « constitution », laquelle, faisant passer aux nobles les réalités du pouvoir, ne devait plus leur laisser que l'oisiveté en partage.

Tout cela sans doute a de quoi séduire mille gens

qui ne font de l'histoire, en dépit quelquefois d'un étalage pompeux de la critique, qu'un jeu d'esprit. Tout cela pourtant est controuvé ; et le système qui s'en compose n'est pas même à l'état de commencement dans les choses.

On ne trouve à cet égard dans les documents qu'un silence absolu. Nulle mention, nulle trace, nulle ouverture de la lutte d'un parti de l'aristocratie contre la royauté à cette époque. Nul retentissement, nul écho, nul soupçon d'un triomphe de ce parti. Ni saint Grégoire de Tours, ni Frédégaire, ni un seul auteur des Vies de saints, les seules sources d'alors, n'indiquent cela. Ils n'indiquent pas non plus que des mœurs différentes de celles de la Neustrie aient triomphé en Austrasie, qu'aucune influence germaine ait distingué celle-ci à cet égard. Quant à ce dernier point, une chose est certaine, c'est les rapports entretenus entre celle-ci et l'Aquitaine, que les mêmes historiens réputent plus latine encore que la Neustrie.

On ne trouve nulle part dans les documents qu'un groupe d'hommes quelconque ait souhaité d'établir un gouvernement différent de celui que représentait la monarchie Mérovingienne, ni que, ce faisant, ils aient eu la pensée de chasser les influences latines. On ne trouve nulle part dans les documents que la reine Brunehaut ait protégé ces influences et que leur cause ait été la sienne. D'aucun de ces points on ne peut apporter de témoignage, on ne peut fournir aucun texte, et pour cause. C'est que toutes ces guerres civiles n'ont que des causes privées. Tout ce qu'on a imaginé de politique et de national pour les grandir, est autant de peine prise en dépit du vrai. Des haines de famille, des adultères, la cupidité, la vengeance, ont armé les uns contre les autres des Barbares investis de la puissance suprême. Des intérêts particuliers ont mis en mouvement ces forces publiques. Voilà ce que l'historien constate. Voilà ce qu'aucun préjugé ne doit l'empêcher de constater. La vraie méthode de l'histoire n'est pas de vouloir trouver partout des causes égales aux événements. De grandes masses peuvent être mues pour de petites raisons. Avant la vanité de paraître profond, le véritable historien met le devoir de rester véridique; il assigne des causes générales aux événements, quand il y en a ; il n'en rapporte que de petites, de communes, de monotones et privées d'intérêt, quand il n'en existe pas d'autres.

Mais la pédanterie ne s'accommode pas de cela. Elle veut trouver du mystère à toute chose. Elle rit des chroniqueurs anciens qui rapportent les faits simplement, sans y mettre ces liaisons profondes dont son amour de la rhétorique s'excite. Ne leur dites pas que des raisons inaperçues des auteurs du temps n'existent pas : elles existent au contraire à cause de cela. Les plus suspects des auteurs à leurs yeux sont les contemporains eux-mêmes ; ce sont eux qui n'ont pas compris les événements. A nous de découvrir le passé, d'en débrouiller le sens véritable ; et la manière de ce débrouillement, c'est invariablement de prêter aux anciens les idées que nous avons nous-mêmes et que le temps a mises à la mode. La mode fait qu'on les croit éternelles, de sorte que s'en servir pour expliquer le passé est regardé comme le droit élémentaire du philosophe.

Il faut voir de quelle sorte un sot historien se gonfle et s'admire dans le jugement profond qui lui découvre ainsi les tréfonds de l'histoire.

Cette mesure, dit Henri Martin de l'édit de 614, cette mesure avait *une bien autre portée* que le motif qui lui est assigné ne le ferait supposer. *Il est surprenant que les historiens ne s'y soient pas arrêtés davantage.*

Cela est surprenant en effet. C'est peut-être que le motif assigné par les textes ne mentionne pas cette *bien autre portée*. L'oracle continue en ces termes :

Le droit qu'avaient les rois de nommer les comtes fut réduit *à néant*, et c'était un pas *immense* de l'aristocratie.

Tel est le style qu'on nous vante à l'école. On assure même que l'art d'écrire l'histoire date en France de ces auteurs-là. La revue des faits ainsi achevée chez eux, leur lyrisme inepte se donne carrière. Henri Martin voit un symbole dans le cheval qui traîna Brunehaut, amie des Romains, par la queue. Aux yeux de ce profond penseur, cette scène est « l'image de l'*indomptable* barbarie achevant de mettre en pièces la vieille civilisation ».

Michelet a mieux encore. Sa verve est de franche mascarade. Comme il faut expliquer pourquoi Childéric II, quoique roi d'Austrasie, partant germanique et féodal, se déclare pourtant contre les nobles, l'historien que vante M. Aulard écrit :

Cependant l'Austrasien Childéric eut *à peine respiré l'air de la Neustrie* qu'il devint lui-même un ennemi des grands (1).

C'est de cette philosophie, c'est de ce ton qu'on bâcle, sous le nom vénérable d'histoire, l'apologie de la Révolution.

Après le dégoûtant contact de ce style, quel rafraîchissement d'entendre Fustel écrivant, sur le même sujet, ce que voici (2) :

« Plusieurs historiens modernes ont attribué à la reine Brunehaut de grands desseins ; mais aucun des écrivains contemporains ne paraît soupçonner qu'elle les ait eus. Ni Grégoire ni Frédégaire ne parlent de sa politique. L'idée qu'elle ait travaillé au triomphe d'un certain système de gouvernement n'existe nulle part. Quelques églises qu'elle bâtit, quelques routes que peut-être elle répara, ne prouvent pas qu'elle ait eu le génie de l'administration. »

(1) *Histoire de France*, éd. de 1876, t. I, p. 170.
(2) *Transformation de la Monarchie Carolingienne*, p. 23.

A défaut de tant de mesure et de sagesse, dirai-je que le persiflage historique de Voltaire est plus près du vrai à cet égard que la pédanterie gourmée des modernes? Il reprend d'un air d'impertinence le récit que Montesquieu fait de ces guerres civiles (1), en dépeint les horreurs de ce style méprisant et brutal qu'on connaît, en fait à plaisir éclater l'absence de dessein politique et de philosophie, puis là-dessus ajoute le plus froidement du monde : « Tel fut longtemps l'*esprit des lois* dans la monarchie naissante. »

Aux théories que j'ai rapportées l'histoire n'oppose pas seulement son silence, mais un démenti éclatant. Ce démenti vient de la splendeur que jettent précisément dans le temps où l'on place l'abaissement de la monarchie Mérovingienne, les règnes de Clotaire II et de Dagobert.

La grandeur de ces princes est un des traits fameux de l'histoire. M. Zeller cependant n'hésite pas à les ranger parmi les rois fainéants. C'est que leur règne est postérieur à l'édit de 614. Ce classement serait à peine croyable. Pour se convaincre qu'il est, qu'on ouvre la collection de *l'Histoire de France racontée par les contemporains*, commencée d'imprimer en 1880. Dans cette histoire racontée par les contemporains, les contemporains ne soufflant mot de l'importance que M. Zeller attribue à l'édit de 614, M. Zeller inter-

(1) *Esprit des lois*, l. XXXI, ch. I et II.

vient lui-même, pour suppléer les contemporains et leur montrer là-dessus leur devoir :

Le triomphe de Clotaire, dit M. Zeller, fut celui des Austrasiens (*Clotaire était roi de Neustrie*) et de l'aristocratie dont la trahison avait livré Brunehaut... Clotaire II dut accepter un compromis qui, *bien plus encore* que le traité d'Andelot, consacrait les progrès faits par l'aristocratie territoriale aux dépens de la royauté. L'assemblée de 614 imposa au roi une convention qui est *un véritable renversement* du système monarchique imité de l'empire Romain.

Bien plus encore..., *véritable renversement...*, *bien autre portée...*, *réduit à néant...*, *pas immense...*, tous ces auteurs déclament. C'est l'unique ressource de l'erreur. Voici la preuve de celle à laquelle ils s'adonnent.

A commencer par le traité d'Andelot, il n'est pas vrai que ce document marque aucun privilège nouveau pour les grands de la monarchie Franque. La teneur de ce traité, qui par l'accord de Brunehaut et de Gontran termine une première fois la guerre civile, est entre autres que les donations faites par les rois, soit aux églises, soit à leurs fidèles, seront gardées à ceux-ci fidèlement : *fideliter conservetur*. Cet article a servi de fondement à tout le commentaire que je viens de dire. Cependant il ne dit rien qui ressemble à la transformation des bénéfices en héritages. Il n'exprime autre chose, et dans les termes les plus naturels, que ce qui de tout temps s'est trouvé nécessaire à la suite de quelque bouleversement, guerre étrangère ou guerre civile : les restitutions après la paix.

Ainsi ce prétendu premier pas de l'aristocratie n'est rien. Il n'est rien qu'un article banal d'un traité dont l'objet n'est à aucun degré de régler les prérogatives des grands à l'égard de la monarchie, par la raison qu'il ne termine aucune guerre entre les rois et les grands, mais entre des rois seulement. Tout ce qu'on y a vu de plus est illusion.

Venons à l'édit de 614, à cette époque mémorable qui fait une si belle division de l'histoire de France racontée par les contemporains, de M. Zeller. Cet édit contient un article dont voici la rédaction latine :

Nullus judex de aliis provinciis aut regionibus in alia loca ordinetur. Qu'aucun *juge* de quelques régions ou provinces ne soit nommé dans d'autres lieux, afin (continue ce document) que, si le *juge* fait quelque mal en quelque matière que ce soit, il restitue sur sa fortune propre ce qu'il aura enlevé sans droit.

Tel est le texte. On imagine que le juge, *judex*, dont il s'agit, ne signifiant (comme il arrive) qu'un fonctionnaire, désigne le comte. Ainsi le comte ne pourrait être choisi que dans le pays dont on le fait gouverneur.

Cette interprétation n'a de défaut qu'un seul, qui est de ne pas considérer ce qui se passa en effet depuis l'édit. Le fait est qu'après 614 comme avant cette date, les comtes (*comites*), ceux qui gouvernaient les cités (*civitates*) au nom du roi, ont continué d'être choisis dans d'autres provinces que les leurs. Il est donc parfaitement impossible que les juges dont on parle soient les comtes. Il est vrai qu'on pourrait prétendre que l'édit resta sans effet. L'avantage des nobles en ce cas serait nul.

Mais une chose apparaît aux yeux des historiens mieux informés. C'est que les comtes, qui n'étaient aucune sorte d'aristocratie territoriale, mais purement et rigoureusement de fonctionnaires, une aristocratie *palatine*, ne devaient pas souhaiter un règlement pareil à celui qu'on suppose dans l'édit. Restreindre les conditions de leur nomination ne pouvait leur être avantageux. De toutes ces remarques il suit que *judex* ne peut être interprété ainsi, qu'on ne saurait le prendre pour le comte, mais pour les fonctionnaires d'ordre inférieur, vicaires et centeniers à la nomination de celui-ci.

Ainsi l'édit de 614, comme le traité d'Andelot, reste en dehors d'une histoire prétendue de l'offensive des grands et des progrès de leurs privilèges au détriment de la monarchie.

Ce qui vient d'être dit de ces grands mérite d'être considéré. On s'en fait de nos jours une idée inexacte. Il n'est pas jusqu'au nom de leudes qui ne concoure à nous tromper. *Leudes* nous est à leur égard comme le titre de leur noblesse ; mais ce mot ne signifie rien de pareil. Le prince disait : mes leudes, comme on dit : mes hommes ou mes gens. *Leudes* ne s'employait qu'au possessif, on ne disait pas absolument : les leudes.

Ces leudes du roi donc n'étaient pas autre chose que de grands officiers du palais. Il ne s'agit pas de contester que l'opposition au maître ait pu naître chez eux, mais de remarquer de quelle sorte, venant d'une telle classe d'hommes, cette opposition pouvait être. Elle ne pouvait venir que d'ambition, non d'aucun sentiment d'une fonction sociale. Quand nous prêtons aux menées de cette aristocratie le sens, devenu trivial dans l'histoire moderne, d'une revendication d'intérêts généraux méconnus par la monarchie, nous nous trompons d'époque et de genre. Imaginer ce que seraient, dans un relâchement du pouvoir, les intrigues de nos préfets contre le ministère, serait un meilleur chemin de comprendre ces événements. L'opposition, l'action de cette aristocratie ne pouvait être politique.

A la tête de ce corps de fonctionnaires se trouvait, comme on sait, le maire du palais. Ce maire du palais n'est le symbole d'aucun système de gouvernement, il ne représente aucun principe. Fonctionnaire au même titre que les autres, il ne saurait agir qu'en fonctionnaire, soit obéissant et fidèle, soit révolté. Cette révolte ne portera jamais le caractère de ce qu'on peut légitimement appeler une opposition aristocratique.

Les mêmes illusions entretenues à propos du traité d'Andelot et de l'édit de 614 ne s'en sont pas moins donné cours à propos de l'histoire d'Ebroïn. Henri Martin assure que ce maire du palais voulait abattre l'aristocratie « au profit de la couronne et des masses ».

Mais quoi, la couronne et les masses ! Ces choses se contrarient chez le pauvre Henri Martin. Le pauvre Henri Martin est pour la liberté ; mais l'histoire donne quelquefois à ce mot un sens favorable à l'aristocratie; notre homme par horreur de l'aristocratie se rejette vers la royauté, que le dogme révolutionnaire déclare pourtant ennemie de la liberté du peuple.

Ne nous lassons pas de répéter qu'un républicain est deux fois incapable d'écrire l'histoire : premièrement à cause des limites étroites et proprement contre-historiques de sa philosophie, en second lieu à cause des alliances téméraires et contradictoires que le culte imbécile du mot de liberté lui a fait contracter en divers lieux de l'histoire, notamment à Rome et dans l'antiquité. Aussi n'y a-t-il pas de plus burlesque spectacle que celui de cette démocratie libérale, tiraillée entre l'éloge des libertés aristocratiques et celui des libertés démocratiques, prenant le parti d'Ebroïn, tout en regrettant ce qu'il écrase :

La classe anarchique des leudes, dit le pauvre Henri Martin, ayant été incapable d'user de ses avantages sur la monarchie pour fonder un gouvernement aristocratique un peu régulier (notre auteur aurait permis cela), et n'ayant produit sous le titre de mairie qu'une espèce de sous-royauté (voilà le crime), IL ÉTAIT NATUREL (vraiment !) que la mairie s'animât d'instincts monarchiques et *se retournât contre le parti qui l'avait créée.*

Voilà, foi d'historien, ce qui était *naturel*. Ebroïn, quoique maire du palais, persécute les nobles. Lecteur, imaginez l'effet de ce mot de *noble* sur un républicain. Quoi ! noble contre noble ! quelle apparence ? et comment, entre noble et noble, le républicain choisira-t-il ? Il sera pour le noble qui frappe les nobles ; et contre le noble qui, ayant pu se servir des nobles contre le roi protecteur-né des nobles, a mieux aimé frapper les nobles au nom du roi. Voilà au vrai sa philosophie, voilà l'état bourrelé de son âme. Voilà la Révolution aux prises avec l'histoire.

Augustin Thierry garde un parti moins ridicule, plus convenable aux mérites incontestables de son esprit; il tient pour le système romain. Il assure que le salut de la monarchie Française était de bâtir sur ce principe : il déteste avec le germanisme tout ascendant de l'aristocratie. Mais revenons au bon sens et à l'histoire.

La bataille de Testry, par où se terminent les guerres civiles ouvertes par Ebroïn, ne fut donc la victoire ni d'un parti politique, ni d'une race. Elle ne fut pas même celle d'un État. Elle ne fut que la consécration d'une famille : la famille des Carlovingiens.

Les Carlovingiens s'établirent dans la possession du pouvoir, par l'effet de la continuité d'une même charge dans la même famille. Maires du palais d'oncle en neveu, de père en fils, ils joignaient aux facilités d'avancement que donnait cette charge, plusieurs avantages personnels qui leur permirent d'en profiter.

Pépin de Landen occupa la mairie vingt-cinq ans, durant un quart de siècle, sous des rois enfants, ou dont l'absence remettait le pouvoir en ses mains. En même temps l'essor de sa fortune privée, ses propriétés, ses alliances, le mettaient en mesure, par diverses pratiques, d'accaparer en fait l'hérédité. Le renom de piété et de sainteté qui reposait sur cette famille, ajoutait à tous ces prestiges. Fustel l'appelle une famille de grands propriétaires et de saints.

La mairie du palais commandait tout, parce que le palais concentrait tout : c'était au propre toute l'administration. Et dans cette concentration, chose notable, aucun grand office ne se rencontrait, dont la mairie pût recevoir ombrage. Point de maître de la milice, comme au temps des Romains ; pas de maître des offices, pas de *comes largitionum*. Par là l'importance de la fonction enflée du crédit des personnes, put croître l'importance de celles-ci sans limites. Ils prirent le titre de duc des Francs, et sous ce nom, depuis la bataille de Testry, gouvernèrent toute la monarchie.

Ainsi aucun triomphe de l'esprit germanique n'est requis pour expliquer l'avènement des Pépins et de Charlemagne. Cet avènement n'est l'effet et la preuve d'aucun retour d'une race, dont on convient que les Mérovingiens n'avaient pas assuré le triomphe. Maintenant, faut-il admettre qu'un retour de ce genre suivit en réalité l'avènement de la dynastie Carlovingienne ?

La réponse à cette question semble se présenter d'elle-même. Elle tient dans le caractère plus romain que jamais assumé par la monarchie de Charlemagne. Le titre d'empereur qu'il prit est comme mis à propos pour nous en avertir. Mais on peut faire une objection tirée de l'établissement du système féodal.

Personne ne conteste que le système féodal ne se soit constitué sous les Carlovingiens. Tous les historiens clairvoyants ont avoué que, dès le règne de Charlemagne, la féodalité était faite, que seul l'ascendant particulier de l'empereur masquait le morcellement qui l'accompagne. Seulement j'ai dit que la féodalité n'est pas la même chose que le germanisme. Il s'agit d'en rapporter les preuves.

C'est ici le point principal du préjugé germanique. L'éclaircissement de ce point seulement permettra de s'en défaire tout à fait.

Il faut remarquer d'abord qu'amis et ennemis se concentrent dans la défense de ce point. Ennemis de l'aristocratie, comme Augustin Thierry, ou amis, comme Boulainvilliers, se rencontrent en ceci qu'ils la font venir de la conquête. Les partisans du système féodal font l'éloge de la Germanie, les révolutionnaires l'accusent, retenus seulement par le plaisir qu'ils sentent à voir le régime féodal tenir en échec la royauté. Il faut montrer que les uns et les autres prennent un faux objet de leur amour et de leur haine.

L'argument qu'on tire de la conquête a été réfuté au chapitre précédent. N'y ayant point eu de conquête, il n'y a pas eu de race conquérante. Aucune classe de citoyens français ne peut donc se vanter de descendre des conquérants, aucune ne peut se plaindre d'être victime d'une ancienne servitude guerrière. Cependant les germanistes allèguent des témoignages d'une prééminence ancienne d'une race sur l'autre, au temps même de la monarchie Franque. Est-ce qu'il sera permis de dire que, de quelque manière que les Francs se soient établis dans la Gaule, le fait d'une condition privilégiée de ceux-ci est au moins certain dans la suite ? de sorte qu'à tout le moins l'antagonisme de race est au sein de la nation française, comme la différence de race est à la base de son ancienne constitution.

Les témoignages dont je parle se rapportent au *wergeld*, à ce fameux prix du sang, dont tant de propos déclamatoires ont roulé depuis cent ans par le monde, et que Fustel de Coulanges réfute dans un chapitre que M. Jullian a omis dans l'édition posthume de son Histoire (1). C'est donc le *wergeld* qu'il faut examiner.

On l'a confondu avec la composition. Celle-ci consiste dans les réparations dont les familles convien-

(1) V. *Histoire des Institutions de l'ancienne France*, édition de 1875, p. 482.

nent entre elles quand l'une a reçu quelque détriment de l'autre. La composition soustrait le coupable aux peines que les tribunaux prononcent ; elle n'est pas le fait de la justice, mais l'expression des commodités ; elle n'est pas ordonnée par le pouvoir social, mais acceptée par les parties ; elle n'est pas d'ordre public, mais privé. Au nombre des injures sujettes à se payer par la composition, le meurtre est compté. La famille du mort consent de voir la plainte abandonnée moyennant un accommodement. Ces accommodements consistent en argent, dont le taux est fixé par certaines conventions Les sommes réclamées de la sorte varient avec la qualité du mort et diverses autres circonstances. Le taux de ces sommes est réglé dans le *wergeld*.

Précisément parlant, le *wergeld* est une estimation en argent des hommes, selon la classe à laquelle ils appartiennent. Il dépasse le champ de la composition. On n'y trouve pas seulement les sommes à payer en échange de l'honneur ou de la vie d'un tel homme : mais encore celles qu'un tel homme doit payer en vertu de sa qualité.

La pratique des compositions était dans les mœurs des Romains. Il faut noter cependant que les lois y étaient hostiles. Les Barbares furent si éloignés d'apporter avec eux un tel usage du *wergeld*, qu'ils épousèrent à cet égard l'hostilité de la loi romaine. Les Burgondes et les Visigoths défendirent la composition pour le meurtre. Leurs lois n'en portent pas moins fixation du *wergeld*.

Ainsi, et c'est un premier point, le *wergeld* ne porte aucunement le caractère d'un marchandage de la vie des hommes, n'étant pas établi en vue de la composition, qui seule ordonne ce marchandage. Cependant il prise en argent les hommes ; et les prix qu'il marque sont différents.

Là-dessus, on a écrit et répété que ces prix changeaient avec la race. C'est le point essentiel du débat. Celui qui avait tué un Franc payait 200 sous d'or ; pour un Romain c'était 100 sous seulement. Voilà ce qu'on assure, et la preuve qu'on apporte des effets de la conquête ou de son équivalent, sous le régime de la monarchie Franque. Les hommes y étaient inégaux, non en vertu des conditions sociales, mais en considération des races dont ils étaient issus. Le descendant du Barbare envahisseur était estimé deux fois le prix du Romain indigène. Deux peuples vivaient sur le même sol, sans mélange, dans un antagonisme que chaque application de différences si grandes devait aigrir.

Entre ces existences disparates, dit Augustin Thierry, la loi criminelle du peuple dominant établissait, par le tarif des amendes pour crime ou délit contre les personnes, une sorte de hiérarchie, point de départ du mouvement d'assimilation et de transformation graduelle qui, après quatre siècles écoulés, du ve au xe siècle, fit naître la société des temps féodaux.

Cette conséquence a paru très certaine. Cependant le fondement y manque absolument. C'est que l'inégalité marquée dans le *wergeld* n'eut jamais le sens qu'on imagine.

Premièrement, si telle avait été l'inégalité des deux races, l'attestation ne s'en trouverait pas seulement dans quelques constitutions ; les auteurs en feraient mention, on en verrait l'effet et le retentissement dans la plupart des récits de l'époque, où des hommes de l'une et de l'autre race ne manqueraient pas de se rencontrer. Or le cas est tout contraire. Pas un auteur du temps ne fait mention d'une différence entre Romains et Francs. Pas un même ne dit qu'il y ait des Romains et des Francs. Cette différence est passée sous silence, ce qui fait croire qu'elle était ignorée. Comment donc supposer qu'elle ait donné matière à des traitements à ce point inégaux? Manifestement cela est impossible. En mettant de côté tout jugement exprimé au sujet d'un pareil traitement, en accordant que les écrivains d'alors, habitués à ce que nous regardons aujourd'hui comme une injustice, aient omis de s'en indigner, encore n'auraient-ils pu se dispenser d'en parler, ne fût-ce qu'à cause des conséquences de fait qu'elle aurait jetées dans la vie de tous les jours. Or dans aucune circonstance, à aucun propos, dans pas un texte, cette situation ne se laisse soupçonner.

En second lieu, quand même l'intention eût été de maintenir cette inégalité entre les sujets français, on ne voit pas comment on aurait pu y pourvoir. Nous avons des preuves innombrables, d'une part, de mariages contractés entre des Francs et des Romains, d'autre part, de la confusion des noms : nombre de Romains portant des noms germaniques, nombre de Francs portant des noms latins. L'embarras de deviner d'abord, de décider ensuite à laquelle des deux races tel ou tel homme appartenait, devait être extrême et parfois insoluble. Or d'une part étant insoluble, on ne peut imaginer qu'une loi de différence eût obligé à le trancher ; d'autre part, l'entretien de cette confusion ne se concevrait pas dans une société où les uns auraient eu tant d'intérêt à se distinguer des autres, et n'auraient pas manqué des moyens de le faire.

Enfin et troisièmement, l'effet de la différence dont on parle eût été illusoire. En effet, la société d'alors est toute soumise à ce principe que les Romains avaient droit de n'être jugés que d'après les règles du droit romain, même dans un procès avec des Francs, même à titre de défendeurs. La différence qu'on rapporte du *wergeld* n'est que dans la loi barbare. Quelle apparence qu'on fût allé inscrire dans les lois barbares l'infériorité d'hommes à qui l'on gardait le droit de se faire juger d'après d'autres lois ? Apparemment la famille romaine, à qui le *wergeld* franc n'accordait que la moitié, eût réclamé et obtenu le tout en excipant des règles de la composition romaine.

Cette triple remarque préjuge la question. Elle la

préjuge absolument. La loi franque du *wergeld* n'a pu être ce qu'on prétend.

L'erreur est venue de ce qu'on n'a pas compris le sens des termes latins qu'elle emploie. Le mot *francus* qu'on y lit ne signifie pas un Franc, ni le mot *romanus* un Romain. *Francus* signifie un homme libre. Ce sens est établi par l'alternance qu'on remarque de ce mot avec *ingenuus*. D'un autre côté, *romanus* alterne avec *ecclesiasticus* et *regius*. Ces trois qualités désignent des affranchis : on les appelle en général *tabularii*. Un texte de ces lois dispose que le fils de l'*ingenuus* qui épouse une *tabularia* de l'une des trois classes, devient *tabularius* lui-même d'une des trois classes, entre lesquelles *romanus* est cité. Il est clair que *romanus* ici ne reçoit aucun sens de nation, mais de condition sociale seulement.

Ainsi les inégalités marquées dans le *wergeld* ne tombent pas sur les races, mais sur les classes. Un Romain n'est pas prisé au-dessous d'un Franc, mais un affranchi au-dessous d'un homme libre. Ainsi ces inégalités ne peuvent servir à prouver aucune prééminence de la race franque sur la romaine, partant, aucune introduction des institutions germaniques, aucune part de ces institutions dans l'avènement de la féodalité.

Au reste, il faut avouer qu'en deux ou trois endroits la rédaction de la loi Salique présente un emploi du mot *francus* qu'on peut se croire obligé d'expliquer par la race. Mais cette explication, que ne saurait imposer un si petit nombre de passages, ne peut être reçue sans jeter l'historien dans des difficultés inextricables.

D'où est donc venue la féodalité ?

En un mot, du désordre causé par l'envahissement des Barbares et par la dislocation de l'Empire. Imaginer qu'elle est l'effet des institutions romaines, n'est pas plus conforme à la vérité que de la tirer de la Germanie. La féodalité est née des conditions que l'affaiblissement de l'autorité, le relâchement de l'administration, le brigandage, l'insécurité causée par l'état de guerre, faisaient désormais à la vie des hommes.

Dans une difficulté de vivre dont les derniers siècles n'offraient pas d'exemple, chacun chercha sa sécurité dans l'obéissance d'un plus fort. Les hommes s'engagèrent aux hommes. Sujets auparavant, ils se firent fidèles. Le droit public, qui protégeait les citoyens de l'empire romain, fit place aux garanties de l'engagement personnel.

A cette transformation sociale on ne peut douter que quelques institutions germaniques aient servi de point de départ. Il en fut de même d'assez d'institutions romaines. La preuve de ce dernier point est donnée par Fustel de Coulanges, dans son livre des *Origines du Système féodal*. On y voit le bénéfice et le patronat, tels qu'ils se pratiquèrent dans l'Empire, servir dans leur développement à la constitution de la féodalité. A ce résultat servit surtout l'institution du précaire romain, sorte de bénéfice incessamment révocable, dont la pratique a plus d'une ressemblance avec ce qu'on vit fleurir et s'étendre plus tard.

On peut demander, dans tout cela, quel avait été le rôle de la première dynastie. Dépouillé du prestige des grandes luttes de principes et de races dont une fausse histoire l'environna, le rôle qu'on lui voit jouer s'humanise. Il rentre dans une notion plus vraisemblable des choses.

Héritière de l'administration que l'Empire avait établie dans la Gaule, on ne peut louer cette monarchie de l'avoir maintenue et réparée. Soit que ces princes en fussent incapables, soit inclémence des temps, l'affaiblissement de la puissance publique se poursuivit entre leurs mains. Doués d'assez de sens politique pour ne rien faire qui dût en précipiter la ruine, soigneux au contraire de conserver ce qu'ils en pouvaient apprécier, ils représentent tout le degré de politique et de civilisation qui se pouvait en ces temps-là, et de la part d'une dynastie barbare. De ce qui restait de l'Empire ils conservent tout ce qui devait leur permettre de présider, avec les attributs d'un État régulier, à la lente décadence du gouvernement romain.

Cette aurore d'une monarchie est la fin d'un régime; n'oublions pas au moins que cette monarchie maintenait les débris de ce régime. L'union dont elle était garant préparait l'unité française. Elle assurait l'essentiel des bienfaits que l'existence d'un grand État procure, et que notre pays est seul à avoir connu dès ces temps-là. L'antiquité de la monarchie Française n'est pas une vaine gloire dynastique, un vain prestige des antiquaires : elle est un bienfait national.

Entre plusieurs effets de ce bienfait, il faut compter la protection contre les attaques du dehors, et la mise à l'abri des invasions nouvelles.

CHAPITRE IV

SUR LA MONARCHIE CAPÉTIENNE. — I. LE PRÉJUGÉ DÉMOCRATIQUE ET LE MÉPRIS DE LA FONCTION ROYALE.

Personne ne conteste que la France moderne, en qui se trouve rempli le dessein d'un grand État, ne soit une conquête de l'unité politique sur la dispersion féodale. Le signe matériel de cette conquête se trouve dans les accroissements territoriaux de la monarchie.

Il faut imaginer ce qu'était la dispersion dont il s'agit, au temps des derniers Carlovingiens, sous Lothaire et Louis d'Outre-Mer ; sous Hugues Capet et sous les premiers Capétiens, au xe et au xie siècle. En ce temps-là, il est devenu comme impossible d'assigner un lieu à la nation Française, je veux dire à son lien d'unité. Est-ce Laon, où résident les derniers descendants de Charlemagne ? Est-ce Paris, capitale des ducs de France ? Quant au pouvoir de ces princes, il est nul ou à peu près. L'autorité suprême qu'on leur reconnaît se borne à quelques cérémonies, auxquelles n'est attachée nulle puissance effective. Un monde de vassaux, suzerains à leur tour de vassaux et d'arrière-vassaux, compose sous eux une hiérarchie sans fin, dont l'étendue leur fait honneur, mais tient en respect leur vain titre.

Ce qu'une telle dispersion du pouvoir, si elle eût duré, eût produit, il n'est pas difficile de le dire. Elle eût éternisé le désordre, par le double effet qui caractérise cet état de la société : l'anarchie intérieure et les guerres féodales. La création de l'unité française a été le remède à ces maux.

Or, remarquons-le à la honte du plus sot des préjugés modernes, cette création, partant les bienfaits qu'elle comporte, sont l'œuvre de la monarchie.

J'appelle ce préjugé démocratique. Il fait bon marché de l'importance des rois. Il ne défend pas d'avouer que les monarchies sont bonnes à donner l'essor aux nations, en particulier dans l'ordre militaire. On convient que l'action d'un roi est comme nécessaire à l'empire que donnent la diplomatie et la guerre. Mais quant à la prospérité, c'est chose sûre que la monarchie n'y est pas nécessaire. La monarchie est regardée comme un article de luxe. Sans roi, on a le bonheur dans la médiocrité. J'ajourne ici la question de savoir si les peuples peuvent se promettre la prospérité sans conquêtes. Supposé qu'ils le puissent, voilà ce qu'on dit des rois. Bons pour rendre les États glorieux, on n'imagine pas qu'ils aient même à les créer.

Et l'on se remplit l'esprit de cette chimère : les peuples existant par eux-mêmes, les nations nées du seul besoin que les citoyens sentaient de les former, ou même du seul profit qu'on trouve à en faire à présent partie.

C'est en vertu d'une conception si belle, qu'ayant distingué le prince de la nation, on agite mille questions devenues possibles par là, et qui n'auraient pas même de sens, supposé que cette distinction fût fausse. On demande par quelle prévention les historiens se sont adonnés à l'histoire des princes seulement, et ont négligé celle des peuples.

Ce propos-là est répandu de nos jours. Les articles de journaux, les circulaires d'État, les préfaces de manuels, sont pleins des récriminations qu'il suggère. Augustin Thierry paraît être le premier des historiens sérieux qui l'ait tenu. Remarquons qu'il s'accorde avec l'apothéose moderne du principe immanent de race.

On n'apprendra peut-être pas sans intérêt qu'il remonte au dix-huitième siècle, et qu'à cette époque l'abbé Velly, qui avait pris dans le public la place de Daniel et de Mézeray, s'en faisait l'écho en ces termes, dans la préface de son *Histoire de France* :

Bornés, dit-il parlant des autres historiens, à nous apprendre les victoires ou les défaites du souverain, ils ne nous disent rien ou presque rien des peuples qu'il a rendus heureux ou malheureux. On ne trouve dans leurs écrits que longues descriptions de sièges et de batailles, nulle mention des mœurs ou de l'esprit de la nation. Elle y est presque toujours *sacrifiée* à un seul homme... C'est le défaut qu'on a tâché d'éviter dans cette nouvelle Histoire de France. L'idée qu'on s'y propose est de donner, avec les annales des princes qui ont régné, *celles de la nation* qu'ils ont bien ou mal gouvernée, de joindre au nom des héros qui ont reculé nos frontières, ceux *des génies qui ont étendu nos lumières*..., etc.

Ces paroles semblent inoffensives, cependant elles sont funestes, et n'appellent rien moins que la ruine de l'histoire. Que le vieux Du Haillan s'y entend mieux, qui dit au contraire que ces choses « n'appartiennent en rien à l'histoire, laquelle ne doit traiter qu'affaires d'État, comme les conseils des princes, leurs entreprises, et les causes, les effets et les événements d'icelles ».

Il ne faut mêler de matières ensemble que celles qui s'expliquent l'une par l'autre. Les mœurs des peuples n'entrent que peu dans les causes qui servent à expliquer le succès des États. Il y a un temps pour l'histoire des mœurs, il y en a un autre pour l'histoire politique, laquelle se nomme tout simplement l'*histoire*. Après cette histoire-là, rien n'empêche qu'on ne fasse l'autre : qu'on ne passe à celle du luminaire et des cartes à jouer. L'erreur serait de les confondre.

Contre le sophisme qui revendique l'histoire des peuples contre celle des rois, il doit être permis d'appeler l'histoire de France en témoignage. Elle est très propre à ce dessein. En effet, l'œuvre des premiers

Capétiens nous montre, aux débuts de cette histoire, non pas l'essor de la puissance française, mais la création de notre patrie.

J'ai dit que la matière en fut façonnée par César, et que dès lors la Gaule avait formé une nation. La création de la monarchie Franque vint lui donner une forme indépendante ; mais tous ces événements n'avaient rien assuré. Au contraire, la suite en fut telle qu'on voit la maison Capétienne obligée de tout reprendre à son avènement.

La décadence de l'ordre public accompagnait à cette époque l'affaiblissement de la royauté. La conséquence est à retenir ; n'oublions pas que, dans ces commencements, ces deux faits sont comme inséparables.

On les voit se déclarer bientôt après la mort de Charlemagne, dans les guerres que se firent les fils de Louis le Débonnaire, qui mirent tout l'Empire en rumeur, et qui, prolongées après la mort de ce dernier, aboutissent au partage de 843.

Le fatalisme évolutionniste, qui ne connaît que des causes immanentes, souvent impossibles à découvrir, mais toujours faciles à inventer, n'a pas plus manqué d'explications pour ces faits-là que pour les autres. De même qu'il attribue la formation de chacun des États modernes à l'inéluctable exigence d'une nationalité qui se cherche, de même il attribue le partage de l'empire de Charlemagne à l'invincible action des races.

Selon les tenants de ces systèmes, des conflits de races, que la main puissante de Charlemagne avait rapprochées pour un temps, engendrèrent et devaient engendrer la guerre entre ses descendants. Mais comment d'une cause si importante n'est-il fait de mention dans aucun écrit du temps ? Il est à peine croyable combien, en ces temps-là, les questions de race étaient ignorées. Tout fait croire que les races s'ignoraient elles-mêmes, bien loin de se rendre auteurs d'aucun conflit.

Ce qu'il y a dans cette affaire de tout à fait péremptoire, c'est la manière dont fut réglé le partage entre les fils de Louis le Débonnaire. On ne peut rien voir de moins conforme aux races. Par exemple, les États de Lothaire allaient du Véser jusqu'à Venise, unissant ensemble la Frise, la Lorraine, la Franche-Comté, la Provence, la Lombardie et la Toscane. On se demandera quelle race une telle frontière eut pour effet de rendre à ses destinées. Au prix d'un pareil mélange, le scandale, fameux dans l'école libérale, des traités de 1815 n'est rien. Je m'adresse à l'école des évolutionnistes, qui est la même, et je demande comment on aurait jamais songé à terminer un conflit de races par les partages du traité de Verdun.

La vérité est que la guerre qu'il termine n'eut d'autre cause que les puissances féodales. Le témoignage s'en trouve dans les auteurs du temps.

A la nouvelle de la mort de son père, dit Nithard (1), Lothaire fit savoir partout qu'il laisserait les bénéfices et les dignités à tous ceux qui les possédaient déjà, pourvu qu'ils se fissent ses fidèles. *Dubios quoque fidei sacramento firmari præcepit.*

Ainsi la circonstance de ce serment permet à Lothaire de se fortifier, et, le lui permettant, l'encourage à la guerre. Cette guerre elle-même et les forces qu'il y déploie, ne sont donc autre chose que l'effet de l'institution féodale.

A leur tour les vassaux demandent la guerre. Ils redoutent entre les princes un accord qui permettrait de se passer d'eux. Rien à cet égard n'est plus curieux que les termes du serment de Strasbourg, juré par Charles le Chauve et Louis le Germanique, en présence de l'armée de leurs vassaux. On le représente comme un engagement des deux frères l'un à l'autre. Au livre IV de ses *Transformations de la Royauté Carolingienne*, Fustel de Coulanges en a donné l'explication définitive. La vérité est que l'engagement est pris par chacun des deux princes envers ses vassaux. Se jurant entre eux devant ceux-ci une alliance militaire, ils ne manquent pas de mentionner que ce serment les lie envers ceux qui en sont témoins :

Quoniam vos de nostra stabili fide ac firma fraternitate dubitare credimus, hoc sacramentum inter nos in conspectu vestro jurare decrevimus : Parce que nous croyons que vous doutez de notre cons-

(1) Chez Fustel de Coulanges, *les Transformations de la Royauté*, p. 632.

tante foi et de notre ferme attachement fraternel, nous avons décidé de nous jurer ce serment en votre présence.

Cet engagement envers les vassaux n'est pas une promesse, mais un traité, dont la sanction même n'est pas omise :

Si sacramentum quod fratri meo juravero violare præsumpsero, a subditione mea et a juramento quod mihi jurastis unumquemque vestrum absolvo : Si jamais je viole le serment que je vais jurer à mon frère, je vous relève tous et chacun du serment que vous m'avez fait à moi-même.

On ne saurait demander des termes plus clairs. On n'en saurait, dis-je, imaginer qui marquent mieux la cause de guerres reposant sur de pareilles alliances : à savoir la constitution féodale, les dispositions qu'elle entretient, ainsi que les liens qu'elle impose.

On sait comment l'empire de Charlemagne, reconstitué un peu plus tard dans une unité éphémère, fut partagé de nouveau et pour toujours après la déposition de Charles le Gros en 888. C'est alors que le royaume des Francs eut pour la première fois un roi de la famille des Capétiens. C'était Eudes, comte de Paris.

La monarchie se trouva bornée à l'est par la Meuse et par le Rhône. Cette frontière était formée de la Lorraine, partie de la Germanie, qui revint à Arnould, lequel fut bientôt remplacé par la maison de Franconie ; de la Bourgogne et de la Provence, réunies peu après sous le nom de royaume d'Arles, puis inféodées à l'Empire.

Ce partage n'offre aucune remarque particulière ; l'état intérieur du royaume est ce qui doit retenir notre attention.

On y voit les grands feudataires tenir en échec la royauté. Ils étaient auteurs de ces partages, et tout ce qu'en tout temps peuvent prétendre les arbitres d'une situation, appartenait à ces princes. Ce qui restait était peu de chose : c'était la part de la couronne. Au temps du roi Lothaire, en 854, le domaine royal est réduit au comté de Laon et aux villas royales de l'Oise, au nombre desquelles étaient Compiègne et Verberie. Les conséquences de cette situation se montrent d'une part dans l'excitation de guerres dont la monarchie sans défense est l'enjeu entre les seigneurs. Herbert, comte de Vermandois, s'étant emparé de Charles le Simple, tient en réserve ce descendant de Charlemagne contre Raoul devenu roi. D'autre part, les grands fiefs oscillent entre la France et l'étranger ; la Lorraine, la Bourgogne, en offrent des exemples. A l'avènement de Charles le Simple, un grand feudataire porte la Lorraine sous l'obéissance de ce prince, et cette province devient fief de France ; à l'avènement de Raoul, on la voit retourner à l'Allemagne. Tant d'instabilité rend impossible tout avancement de l'État français.

Un troisième effet de la situation consiste dans le prolongement des discordes intestines entre des maisons de grandeur égale, trop puissantes pour recevoir la paix de celle qui tient, avec la descendance de Charlemagne, l'office d'arbitre et le nom de roi. Le mépris de cet office et de ce nom permet aux comtes de Vermandois, aux ducs de Bourgogne, aux ducs de France, des guerres en qui le désordre se prolonge et semble ne devoir jamais finir.

Sur tout ceci, joignez le mal inévitable des États faibles et divisés, la peine que porte partout ce désordre intérieur, l'avertissement que les hommes ont toujours reçu et recevront toujours de former entre eux des patries : l'envahissement de l'étranger. C'est ici l'invasion des Normands. Les phases de ce fléau terrible accompagnent les révolutions de la monarchie Carlovingienne. Jamais on ne vit, dans l'ordre de l'invasion étrangère, de signes plus accusateurs de la faiblesse d'un État. On ne se borne pas à la subir, on traite avec l'envahisseur, on traite avec lui de l'invasion. Charles le Gros, par un traité en règle, en 889, concède aux Normands le ravage de la Bourgogne. Charles le Simple en 911 les établit dans le gouvernement de la Normandie. La France n'échappe pour quelque temps à la dévastation que par le partage.

Tel est le tableau dont il convient de nous composer une préface à l'avènement définitif des princes Capétiens au trône. Cet avènement commence le rétablissement de l'ordre. Notre pays leur en doit le bienfait.

Cet ordre ne pouvait se rétablir que par l'unité politique. Le défaut de cette unité était la cause de son absence. La restauration de l'unité fut l'œuvre de la royauté.

Il ne faut pas dire royauté Capétienne. Il n'y a pas de royauté Capétienne. Nombre d'auteurs tiennent à cette désignation, parce qu'ils entendent par là une certaine essence et nature, une détermination particulière de l'autorité suprême dans la personne des Capétiens. Ils appellent cette autorité la monarchie féodale.

Il s'agit ici d'une de ces déterminations de principe délicates, mais dont l'extrême importance se fait sentir dans les effets. Augustin Thierry s'imagine que la monarchie Française a reçu l'empreinte d'absolutisme de son origine féodale.

> La royauté regardée, dit cet historien, comme un droit personnel et non comme une fonction publique, le roi propriétaire par dessus tous les propriétaires, le roi tenant de Dieu seul : ces maximes fondamentales de notre ancienne monarchie dérivent toutes de l'ordre de choses qui modelait la condition de chaque homme sur celle de son domaine, et sanctionnait l'asservissement de tous les domaines hors un seul (1).

Le même auteur allègue en preuve de cette origine, que la monarchie Française a cherché dans la loi Salique (qu'il compte pour féodale) sa règle de succession au trône.

(1) *Lettres sur l'Histoire de France*, édit. in-12, p. 129.

Augustin Thierry n'est pas seul à abuser de ce fait. Rien n'est plus commun que de voir tirer aux métaphysiciens de l'histoire, des conséquences extrêmes de l'usage que firent les Capétiens de la loi Salique. Mais c'est une chose qu'on ne doit pas permettre, cet usage étant de circonstance et n'ayant tenu à aucune raison de principe. C'est une question de savoir si, par une disposition générale qui réglait les héritages, la loi Salique devait s'appliquer au trône ; mais, cette question mise de côté, il est certain qu'on ne s'avisa d'en requérir l'autorité qu'à cause du péril où fut jetée tout à coup, par le défaut d'héritiers mâles, après trois cents ans de succession masculine, la stabilité de la monarchie. Par chance on trouva ce moyen, la France fut assez heureuse pour posséder dans d'anciens monuments de quoi fixer son droit national, et arrêter le consentement des peuples à ce qui faisait leur indépendance. Il est sûr qu'on n'y eût jamais songé, qu'on se fût gardé de faire parler le passé et de solliciter ses oracles, si l'apparence d'anciennes dispositions eût contrarié le bien du royaume et l'intérêt de la dynastie. L'utilité de la loi Salique en ceci assura son autorité. Cette autorité n'est pas quelque chose d'essentiel à la monarchie. Quand on aurait le droit de la nommer féodale, la monarchie n'en prendrait pour cela aucun caractère de féodalité.

De la part d'auteurs comme Augustin Thierry, il faut savoir que l'assertion contraire entra dans le dessein de justifier, comme seul conforme à l'ordre de l'histoire de France, ce qu'on appela dans le temps le *système* : c'est la monarchie de Louis-Philippe. Il s'agissait, en se rangeant à celle-ci, d'éliminer le caractère féodal introduit par violence contre l'ordre romain, et regardé comme inséparable de la royauté traditionnelle.

Nouvelle occasion de mesurer l'influence de la philosophie de l'histoire sur le train de la politique. Des hommes de ce crédit et de cette importance ont apporté le poids de leur adhésion, l'autorité de leur approbation à ce régime, à cause de l'idée qu'ils se faisaient du cours des choses au dixième siècle. La politique au dix-neuvième ressentait l'effet de ces idées. L'histoire de Hugues Capet se changeait, par l'effet d'une philosophie, en forces vives et agissantes contre la maison de France et le Carlisme. Tant il y a, dans l'histoire expliquée, d'importance immédiate et pratique.

Guizot, dans une définition de la monarchie de Hugues Capet, se plaît à suggérer des traits de comparaison avec celle dont il fut le ministre : justifiant discrètement la nouveauté de celle-ci, par ce qu'il découvre de nouveau dans celle-là. On remarquera le choix des termes de ce curieux morceau :

Ses ancêtres n'avaient été ni empereurs, ni souverains de tout le territoire ; les grands possesseurs de fiefs n'avaient pas été ses officiers ou bénéficiers ; il était *l'un d'entre eux*, sorti de leurs rangs, jusque-là leur égal. *Ce titre de roi*, qu'il s'appropriait, *pouvait leur déplaire*, mais non leur porter *sérieusement* ombrage. *Ce qui portait ombrage dans la royauté Carlovingienne, c'était ses souvenirs*, son passé : c'était un roi parvenu en harmonie avec une *société renouvelée.*

Le roi parvenu de la féodalité autorisait après dix siècles le parvenu de la bourgeoisie ; une société bourgeoise nouvelle exigeant cette révolution en symétrie de celle que dans sa nouveauté la société féodale avait faite. Le goût romantique du Moyen-Âge tournait les esprits vers ces souvenirs. La figure de Robert le Fort se rendait plus familière que celle de Louis XIV. Dans l'embarras de nommer d'un nom d'ancien régime le petit-fils du roi à sa naissance, celui des comtes de Paris revécut comme de lui-même. Un passé si ancien n'était plus un passé ; ces souvenirs oubliés ne portaient pas d'ombrage. On va voir que tout cela n'était que des illusions.

L'avènement de Hugues Capet est l'œuvre de la féodalité sans doute ; mais le caractère qui s'ensuivait pour lui, effet d'une fonction plus vieille que cet avènement, antérieure à la féodalité même, n'avait pour cela rien de féodal.

Les seigneurs qui firent Hugues Capet roi, choisirent il est vrai la personne : ils ne créèrent pas la fonction. Comme ils ne la créèrent pas, cette fonction n'a pas tenu d'eux son essence ; la nature de l'autorité royale, conférée une fois par les seigneurs, ne tint rien des idées de ces seigneurs ni des conditions de leur puissance. Chez les modernes on voit des changements de principes signalés à l'attention des hommes par des changements de vocabulaire ; *roi des Français* s'y trouve distingué de *roi de France*. Cet instrument de changement n'existait pas alors. Comme aucune charte ni constitution ne fut avec cela imposée, tout ce qu'on veut imaginer de transformation du principe monarchique avec Hugues Capet, demeure en l'air.

C'est ce qu'établit parfaitement M. Luchaire dans sa savante et judicieuse *Histoire des Institutions politiques de la France sous les premiers Capétiens.*

Aucune charte ni constitution ne fut la condition d'accession d'Hugues Capet à la couronne. Il succéda dans les mêmes termes qu'eût pu faire un Carlovingien. Remarquons qu'il n'était pas même le premier de sa race à régner. Avant lui, Eudes et Robert avaient porté le titre de roi de France. La couronne fut remise à Hugues Capet telle que Robert et Eudes l'avaient reçue, telle que des mains de ces derniers elle avait repassé dans celles des derniers descendants de Charlemagne. Personne ne pria les seigneurs de décider sur un principe, et ils n'y songèrent point eux-mêmes.

On objecte que, roi de la féodalité, choisi tel au temps de ce régime, il ne pouvait sous ce nom recevoir de fonction que celle que reconnaît la féodalité, c'est-à-dire de chef de fidèles. Mais comment se fût-il regardé comme un chef de fidèles, quand le prince dont il prenait la place se regardait comme tout autre chose ? Il faudrait prouver que la féodalité n'avait laissé debout dans le monde qu'elle-même. Cela justement est mis en question par la persistance de la royauté.

Il ne suffit pas de dire en général que les mœurs transforment tout dans le monde, d'en appeler d'un air entendu à l'éternelle évolution des choses sous la survivance des mots. Le propre des institutions est justement de fixer ce qui se doit, au milieu de cette évolution ; c'est le service qu'en attendent les hommes. En soi, il n'est pas plus contre la vraisemblance de considérer la royauté survivant, quoique non féodale par essence, dans la société féodale, que de l'assimiler à celle-ci ; en fait et d'après le témoignage de l'histoire, c'est le premier cas qui est arrivé.

L'histoire ne marque rien du changement dont on parle. L'élection dont Hugues fut l'objet n'est pas d'une autre sorte que celles qui mirent la couronne sur la tête des derniers Carlovingiens. Il n'est pas jusqu'à la cérémonie du sacre, dont le retour identique n'atteste l'identité de la fonction. Dans quelques histoires, il est vrai, on trouve qu'Hugues Capet ne porta pas la couronne ; on trouve aussi la fameuse anecdote du comte Adalbert de Périgord lui répondant : Qui t'a fait roi ? Ni l'un ni l'autre trait ne sont vrais. Ils appartiennent aux récits de basse époque, auxquels il est interdit de se fier.

Il faut aussi considérer l'idée que le roi se faisait lui-même de sa fonction.

Hugues nomme les Carlovingiens *ses prédécesseurs*. Cela prouve qu'il croyait régner en même façon qu'ils avaient fait. Mourin, dans ses *Comtes de Paris*, traite ces formules de faiblesse de parvenu. Il compare de ce fait Hugues Capet à Napoléon, « qui se croyait, dit-il, le successeur de Louis XIV bien plus que le représentant de la Révolution ».

Cela s'appelle habiller les textes au lieu de s'instruire par leur moyen. Voici un exemple de ces formules :

> *Ut sicut temporis Caroli serenissimi imperatoris necnon etiam domini Odinis gloriosissimi regis omniumque prædecessorum nostrorum...* : Afin que comme au temps du sérénissime empereur Charles, et aussi de monseigneur le glorieux roi Eudes, et de tous nos prédécesseurs...

A cette remarque joignez celle d'un rappel fréquent des rois de la Bible d'une part, et des empereurs romains de l'autre : c'est assez pour prouver que les rois Capétiens n'ont jamais cru régner en façon autre qu'on avait fait avant eux, et en vertu d'un principe nouveau.

Aussi bien, rien n'empêche que nous examinions la définition de la royauté, chez eux et chez leurs sujets ou vassaux. On trouve cette définition dans le serment de Philippe Ier par exemple : « Conserver à chacun la justice qui lui est due, faire droit à tous, mettre le peuple en possession de ses droits légitimes. » Dans une lettre d'Eudes de Blois au roi Robert, on lit : « La racine et le fruit de ta charge, c'est la justice et la paix : *Officii tui radicem et fructum : justitiam loquor et pacem.* » Ce sont là les communs propos du genre humain sur la prérogative royale. On n'y trouve pas trace d'un devoir imposé par un fait aussi particulier que serait celui d'une émanation féodale.

Cette notion dela fonction royale et de son pouvoir universel était conservée dans l'Église. C'est à celle-ci que nous voyons en ce temps-là appartenir la garde des notions d'essence traditionnelle et romaine. La notion de l'autorité suprême entretenue dans l'empire Romain demeure, chez elle et autour d'elle, attachée sous les Capétiens à la dignité de roi de France.

Il ne s'agit pas de mots seulement. En dépit des limitations qu'apporte le régime féodal et de l'extrême affaiblissement du pouvoir royal en ce temps-là, on n'en voit pas moins ce pouvoir pourvu d'attributs particuliers, notoirement absents de tous les degrés de la hiérarchie féodale.

Le roi avait autorité sur le domaine ecclésiastique. Il tenait de sa fonction, au-dessus des grands vassaux, des droits qui jamais n'eussent été concédés à la seule qualité de seigneur suzerain. En 1132, Louis VI demande à Thierry d'Alsace, comte de Flandre, de protéger l'évêque d'Arras. Il le fait en arguant de parenté entre eux ; mais le document ne laisse aucun doute sur le caractère d'autorité que ces adoucissements accompagnent. En 1024, l'empereur Henri II étant mort, le roi de France annonce le projet d'envahir la Lorraine, et de faire valoir sur cette province les droits de la dynastie Carlovingienne : preuve de continuité entre ces princes et lui, en même temps que du caractère unique attaché à la royauté. Enfin c'est un fait qu'on ne peut contester, qu'outre l'hommage prescrit par le droit féodal, le roi continue de recevoir le serment de fidélité qu'avait reçu Charlemagne. Il le recevait de ses vassaux, non des arrière-vassaux il est vrai, mais on ne peut voir dans ce serment autre chose qu'un attribut royal.

Il ne sera pas non plus inutile de retenir que les villas du fisc carlovingien, Compiègne, Verberie, continuaient d'appartenir au roi, à un titre que ne connut jamais le droit féodal.

Le fait dont on vient de lire les témoignages est, comme j'ai dit, de la plus grande importance. Il n'est rien moins que la conservation de l'institution royale dans les temps féodaux. Extérieure, supérieure au régime féodal, cette institution constitue comme une réserve dont devait profiter l'avenir. En elle subsistait l'instrument nécessaire de l'ordre et de l'unité. Au-dessus du morcellement, l'unité politique conservait ce point d'appui.

En fait, cette unité n'est pas venue d'ailleurs. La royauté fut son instrument, le fondement unique de son rétablissement. La fin de ce chapitre le fera voir.

Le domaine royal sous Hugues Capet avait une étendue très petite. On croit la mesurer par deux provinces, l'Ile-de-France et l'Orléanais ; en réalité, elle n'atteignait pas cela ; elle n'avait rien de la continuité offerte par les cartes dans ces limites. Le roi avait à lui, du nord au sud : Senlis, Paris, Étampes et Orléans ; chez ses voisins, à l'état d'enclaves, il possédait Dreux et Montreuil ; à titre d'abbé, il commandait en outre aux abbayes de Saint-Martin de Tours, de Saint-Germain-des-Prés, de Saint-Maur-les-Fossés, de Saint-Aignan d'Orléans, de Saint-Riquier.

Autour du roi s'étendaient sept grands fiefs : Flandre, Bourgogne, Guienne, Gascogne, Toulouse et Poitiers, Barcelone, Gothie. Les titulaires de ces fiefs étaient les héritiers (comme les ducs de France devenus rois) des ducs ou *marquis* auxquels la monarchie avait confié, dans le IXe siècle, le commandement héréditaire d'une *marche* ou province frontière. A ces grands fiefs ainsi constitués il faut joindre la Normandie, le comté d'Anjou et celui de Blois, anciens vicomtés dont l'importance tient un premier rang en ce temps-là.

Le dessein lointain d'établir sa domination sur tant

d'égaux, dont plusieurs le passaient en puissance, ne pouvait aller sans de longues et pénibles préparations. On en suit le progrès d'une façon constante depuis le règne de Louis le Gros.

L'action de ce roi se contint dans son propre domaine, envers ses vassaux immédiats. Qui voudra concevoir les faibles commencements d'une aussi grande puissance que la monarchie Française, et les difficultés qui l'exerçaient alors, devra imaginer dans de petits barons comme Bouchard de Montmorency, comme la maison de Rochefort, les adversaires du roi de France. Rochefort près de Dourdan, Châteaufort près de Chevreuse, châteaux redoutables aux environs, embarrassaient ses entreprises. Montlhéry tenait en échec le prédécesseur de Louis XIV.

Louis le Gros les prit l'un après l'autre, réduisit un à un ses vassaux rebelles. Plus semblable à un gendarme qu'à un roi, il allait réprimant le brigandage des grands dans la brève étendue de ses domaines. Pour disposer d'une charge de palais que s'arrogeait quelque famille, il lui fallait livrer bataille. Les seigneurs de Garlande étaient en possession de la charge de sénéchal. Le siège de Livry, en 1132, délivra le roi de l'inconvénient de ne la pouvoir donner à d'autres. Contre Hugues le Beau, seigneur du Puisey, il livre d'autres guerres heureuses. L'unité et l'obéissance mises enfin dans le domaine royal, la monarchie put se tourner du côté des grandes annexions. Tels furent les fondements obscurs mais résistants des accroissements de territoire obtenus au treizième siècle et au quatorzième.

En face de ce tableau, matière de fait, plaçons à présent les fantômes issus du sophisme démocratique. Imaginons ici le peuple ; qu'il prenne en rêve la place du roi. Le peuple au lieu de Louis le Gros ; mais quel peuple ? Le peuple de France n'existait nulle part ; les hommes des basses classes ne se connaissaient alors que comme soumis à des seigneurs auxquels le premier de leurs devoirs, ou, si l'on veut, la plus impérieuse des nécessités de leur existence, était d'obéir. Quand on leur concéderait l'usage de ce que le préjugé regarde comme l'instrument de toutes les actions fécondes, l'insurrection et la révolte, en quoi voit-on la cause de la nation française avancée par cette supposition ? Comment le peuple, en un temps où l'unité française disparaissait entièrement à ses yeux, eût-il, agissant seul, avancé cette unité ? Seul le roi la pouvait vouloir, sous l'impulsion de son intérêt, à la lumière de sa fonction, et, la voyant, l'exécuter.

Nos manuels, coutumiers de titres éclatants, qu'on s'imagine aider la mémoire des enfants, qui n'en tirent nul secours faute de les entendre, n'introduisent pas seulement les Capétiens sous le nom de monarchie *féodale*, ils y joignent celui de *nationale*. Le second ne vaut pas mieux que le premier. Il ne pouvait y avoir de monarchie nationale, parce qu'il n'y avait pas de nation. Il n'y avait sur le sol que les éléments d'une nation et les vestiges d'un État. Celui-ci reconstitué devait façonner celle-là. Plus on considérera ce point, plus on connaîtra l'évidence de cet ordre des causes et des effets. La royauté devait faire la France.

Faute de pouvoir le cacher tout à fait, les historiens d'esprit démocratique ont inventé d'y faire diversion par le tableau du mouvement des communes. Le récit de leur affranchissement occupe chez eux les pages qui ne pourraient sans cela contenir que l'éloge de l'action royale. Chez Augustin Thierry cet éloge se dérive à l'aide d'une théorie générale d'ordre purement abstrait et philosophique, suivant laquelle le dessein d'ordre dont on voit s'armer le monarque, n'a pu se former dans une institution d'essence féodale, comme il veut que soit la royauté. La royauté l'emprunta donc d'ailleurs. De qui? Des communes qui se formèrent, en qui ressuscitait, en forme municipale, l'esprit public romain. Telle est la théorie, qui fait du moins connaître jusqu'où l'esprit de système peut aller.

Alors, dit cet auteur parlant de l'avènement de la féodalité, alors disparurent deux idées qui sont comme les pôles de toute vraie société civile : l'idée du prince et celle du peuple... La renaissance d'une société urbaine rouvrit les voies traditionnelles de la civilisation... *Le roi de France trouva* dans les villes reconstituées municipalement *ce que le citoyen donne à l'État*, ce que le baronnage ne voulait pas ou ne pouvait pas donner : la sujétion effective, des subsides réguliers, des milices capables de discipline. *C'est par ce secours* qu'avant la fin du XIIe siècle, la royauté fit de sa suprême seigneurie, puissance à peu près inerte, un pouvoir actif et militant pour la défense des faibles et le maintien de la paix publique (1).

Il en conclut que, n'eût été l'origine féodale, la monarchie ainsi instruite n'eût point amené de révolution. Il se flatte qu'arrachée enfin à cette origine par les journées de 1830 et le couronnement de la branche cadette, toute crise future est conjurée. La révolution de 1848 fut pour Augustin Thierry l'écroulement de toute sa théorie. La chute d'un système ruinait l'autre. Il déclarait ne plus comprendre l'histoire de France. Aussi ne fallait-il pas la fausser comme il fait.

Ce qui précède a fait voir s'il est vrai que l'idée du *prince* eût jamais disparu. Cette idée durait au contraire, au milieu des limites de tout genre apportées à ses applications. Les communes n'ont donc pas eu à la refaire. Ajoutons qu'une des grandes illusions qu'on apporte dans cette partie de l'histoire, est de supposer une alliance essentielle entre la royauté et les communes.

En effet, la constitution des communes n'a servi et ne pouvait servir que par occasion le pouvoir royal. Ennemies de celui des seigneurs, dont elles rejetaient

(1) *Histoire du Tiers État*, t. I, p. 36. Autre texte dans le même sens, *Considérations*, p. 281.

l'obéissance, il était naturel que le roi, qui combattait celui-ci, leur offrît l'alliance qu'elles cherchaient. Quant à se figurer nos rois en cette affaire sous les traits d'une providence systématique, armée contre les nobles de l'intérêt du peuple, relevant le bourgeois dans les villes, dressant beffrois contre châteaux forts, c'est un tableau de couleur *fénélonienne* auquel on doit renoncer sans regret.

Le serment que se juraient les bourgeois d'une ville entre eux, faisait des communes un pouvoir autonome, non moins opposé à l'unité politique que celui des seigneurs, auquel elles échappaient. C'était une seigneurie collective ; c'était une pièce, pièce nouvelle il est vrai, de la féodalité. Ainsi le pouvoir royal devait les combattre un jour.

Ne nous étonnons donc pas outre mesure que M. Giry, dans ses *Établissements de Rouen*, ait pu dire que le pouvoir royal fut ennemi des communes. Cela n'est pas vrai jusqu'à Philippe-Auguste ; cela depuis Philippe le Bel est certain.

Mais distinguons communes et villes de privilèges. Quelques historiens confondent ces deux choses. *Les libertés d'une ville ne sont pas nécessairement l'effet d'une constitution communale.* Celle-ci est accordée à la menace que forme le serment mutuel des bourgeois ; les privilèges sont une exception à quelques droits seigneuriaux, commandée par des intérêts que le cours des événements déclare.

La protection de ces intérêts dut inspirer aux rois de tout autres sentiments que ne faisaient les insurrections des communes. Ils ne manquaient guère de les défendre par l'octroi de privilèges appropriés. Ces privilèges suspendaient des droits tantôt du seigneur, tantôt des propres officiers royaux, contre lesquels le roi, qui les nommait, devait songer à se défendre. Tel était l'esprit du temps, tendu de tous côtés vers l'indépendance, qui fait qu'aux mains du fonctionnaire l'office tendait à se constituer en fief. Il fallait défendre les administrés, il fallait protéger la source du pouvoir même, contre ses organes constitués. Ainsi prirent naissance cette foule de privilèges dont la constitution des villes offrait avant la Révolution des milliers d'exemples en tout genre. Bien loin qu'elles fussent en général l'effet du mouvement communal, il n'y a presque pas d'effet de ce mouvement dont on n'eût pu prédire d'avance qu'il ne passerait pas le Moyen-Age. Les révolutions d'où sortirent les communes de Laon et de Cambrai comptent au nombre des faits stériles de l'histoire. Les privilèges de Paris, au contraire, allèrent en se multipliant, et firent bientôt de cette capitale une des villes les plus prospères du monde.

Quant à l'esprit démocratique que quelques-uns ont vanté dans les communes, les faits étudiés de près sont loin de le vérifier. Presque toutes ces petites républiques au contraire s'organisaient sur le pied de l'aristocratie la plus étroite et la plus jalouse. Les troubles civils, effet de rivalités de famille, s'y multipliaient de même sorte que dans les villes d'Italie du même temps. La vie municipale n'y offrait aucun modèle de cet ordre qu'un audacieux système dépeint comme l'école des rois. Leur existence n'apportait aucun gage à l'avenir de la patrie.

Selon l'intérêt du moment, les rois protégèrent les communes ou les combattirent. Ils les soutinrent contre leurs propres adversaires ; et ce cas fut fréquent à proportion du nombre et de l'importance de ceux-ci. Quand la monarchie les eut vaincus, l'alliance des communes lui devint inutile, et elle ne s'appliqua plus qu'à les réduire elles-mêmes. Telle est l'histoire de la monarchie dans ses rapports avec le mouvement communal.

M. Luchaire en conclut qu'en cela son intérêt seul la guidait. Il a raison. Mais que veut-il de plus ? Imagine-t-il que les institutions aient d'autre rôle à jouer dans le monde que de se défendre et de se conserver ? S'il en est de mauvaises, qu'on les ôte. Nous tenons que telle n'est pas la monarchie. M. Luchaire paraît enclin à prêcher aux institutions l'abnégation. Cet enfantillage gâte son livre, un des plus scrupuleux et des mieux mis en ordre, des plus remplis d'ailleurs de l'intelligence des choses, qui aient paru depuis vingt ans.

En général, dit M. Luchaire, dans leur conduite à l'égard de la classe servile, les Capétiens se préoccupaient peu des intérêts réels de cette catégorie de sujets.

... Actes destinés, dit-il ailleurs avec une amertume comique, par le fait *sinon par l'intention*, à améliorer la condition de ces malheureux.

Et ceci encore :

Il va de soi qu'on ne doit point en faire exclusivement honneur à la générosité spontanée des rois... Le vrai motif des libéralités royales *est en définitive l'intérêt bien entendu.*

M. Luchaire me croira-t-il, si je l'assure que les royalistes signent cette affirmation sans réserve. Son intention paraît être de décrier par là la monarchie. Le plus bel effet de la générosité n'est dans celle-ci, dit-il, que l'effet inévitable de l'intérêt bien entendu En fait de machine inventée pour assurer l'ordre public, connaît-il quelque chose de mieux ? C'est le plus bel éloge qu'on en puisse faire.

CHAPITRE V

SUR LA MONARCHIE CAPÉTIENNE. — II. LE PRÉJUGÉ ÉCONOMIQUE ET LE MÉPRIS DE L'ŒUVRE MILITAIRE.

Le préjugé dont il s'agit fait croire que l'état des fortunes est ce qui règle tout dans un pays. Le régime politique lui-même, dépositaire de la force publique, n'est, selon ce préjugé, qu'un effet de cet état. Les révolutions politiques sont la conséquence invincible de changements dans les fortunes : la décadence et le relèvement dont le pouvoir est cru et se proclame la cause, sont tous contenus dans le jeu des forces économiques.

En conséquence, ne s'attacher qu'à ces formes, s'en prendre à elles des maux de la société, ne mettre qu'en elles l'espoir du bien public, est un parti plein d'illusion. Concevoir politiquement le problème politique, est une des grandes erreurs du monde ; il faut le concevoir en termes de finance. Et, parce que l'appareil des pouvoirs publics opposé aux pouvoirs d'argent accuse surtout cette opposition dans ses organes militaires, c'est à ces organes qu'on s'en prend. Le procès de la guerre et des armées suit le préjugé dont il s'agit. On le rencontre plus ou moins chez tous ceux qui ne voient dans la machine politique qu'un appareil indicateur du crédit public.

Ces idées sont celles dont fit tant de tapage la célèbre école de Manchester, issue des théories de libre échange d'Adam Smith, que prônait Jean-Baptiste Say.

Elle eut pour chef Richard Cobden. La plus fameuse de ses manifestations fut le grand meeting de Manchester, du 25 janvier 1848. Léon Say répandit ses doctrines chez nous ; le centre gauche, à la suite de ce docteur, la loue imperturbablement. Ces louanges venant d'un tel endroit, ne nous empêcheront pas de croire à leur caractère anarchique. Il éclate dans les propos de John Bright, consignés au récit du meeting que je viens de dire. On ne trouve presque rien de plus violent en ce genre dans les discours des dreyfusiens de chez nous ; ces marchands de cotonnade, pleins de centons bibliques, soutiens d'un régime politique le plus traditionnel qui semble être en Europe, s'expriment là-dessus à l'unisson des plus violents de nos anarchistes. Dans le soin que prennent les rois de déposer par honneur les drapeaux dans les temples, ils osent représenter les temples comme « souillés » par ces drapeaux. Ces rapprochements expliquent bien des choses. Mieux connus de nous il y a dix ans, ils eussent fait prévoir les alliances dont la France fut épouvantée.

L'histoire des origines de la nation Française fournit une occasion parfaite de réfuter ces théories.

Il est certain que le retour à l'unité du morcellement féodal fut suivi d'un essor de la richesse publique. Les signes de cet essor éclatent au XIIe siècle, à la fin de ce siècle surtout et au XIIIe, sous Philippe-Auguste, puis sous saint Louis.

En ce qui regarde la production, c'est alors que les grandes industries se répandirent dans nos provinces du nord, à l'imitation de l'Espagne, de la Flandre, du Languedoc et de la Provence. Les villes de Rouen, d'Arras, de Laval, de Reims, virent s'établir et prospérer les filatures de chanvre et de lin, les teintureries et les fabriques de drogues propres à celles-ci ; la tapisserie, la sayetterie, la draperie, la soierie, les toiles fines, qu'on commençait à porter alors, furent entreprises chez nous avec succès.

Chacun connaît le nom du *Livre des Métiers* d'Étienne Boileau, ainsi nommé du prévôt des marchands de Paris, qui le rédigea sous saint Louis. L'abondance des métiers qui figurent dans ce livre, la précision des règlements, signe d'une pratique avancée et prospère, leur importance et leur multiplicité, preuve d'un débit déjà considérable, attestent l'état florissant des industries de Paris à cette époque.

Du côté de l'échange, mêmes témoins. C'est l'importance du marché de Champagne, avec ses grandes foires de Troyes et de Bar-sur-Seine ; c'est la prospérité fameuse de Montpellier, fondée uniquement sur le trafic. On signale, aux années 1200 et 1248, les deux premiers essais connus de la lettre de change. Dans ses *Documents concernant l'histoire du Commerce et de l'Industrie*, M. Fagniez remarque que les règlements des corporations, dont le *Livre des Métiers* est un exemple, étaient justement nécessités par la concurrence qu'attirait un agrandissement du marché.

Un regard jeté hors de France nous montre les villes de Flandre en grande prospérité par l'effet de leur commerce, et dès le XIVe siècle l'éclat de Bruges s'annonçant. Les ligues marchandes des villes d'Allemagne, ligue des villes du Rhin, ligue des villes Souabes, ligue Hanséatique, démontrent le grand trafic d'une partie de ces contrées.

Aucune province de France n'égale la Normandie. Nous en avons entre autres ce curieux témoignage. A Philippe VI premier roi de la maison de Valois, cette province offre en 1338, pour conquérir l'Angleterre, quatre mille hommes d'armes, tous gens de qualité, avec quarante mille hommes de pied, payés par elle pendant trois mois, ce qui faisait six cent mille livres.

Le luxe constamment grandissant depuis le XIIIe siècle et pendant le XIVe n'est pas une moindre preuve de la richesse publique, compagne ici de l'ordre politique et de l'avancement de la civilisation. L'édit somptuaire de Philippe le Hardi en 1279 en est une date entre plusieurs.

On a laissé depuis un demi-siècle courir dans les manuels une division trompeuse du Moyen-Age. Nos écoliers les mieux instruits sont plus ou moins dressés à voir dans le treizième siècle un point d'apogée de cette période, et dans les siècles suivants la décadence. L'invention de cet ordre, appuyé tout entier sur la considération de l'architecture, ne saurait valoir en général. Tout considéré, la vérité est que l'essor du Moyen-Age se poursuit à travers tous ces siècles et jusque dans le mouvement des temps modernes.

Le quatorzième est en avance incontestablement sur le treizième. Les magnificences des comtes de Valois, dont brilla Crépy leur capitale, jetèrent alors un éclat dont la cour de France même garda longtemps le souvenir. Cependant le déploiement des richesses en tout genre ne cessait de grandir chez celle-ci. L'une et l'autre n'étaient dépassées que par les maisons de Flandre et de Hainaut, dont le chanoine Dehaisne a publié les pompeux inventaires. Les métaux précieux, les pierreries, les curiosités en tout genre, les tapisseries, les émaux, les riches étoffes, y paraissent dans une abondance où se raconte l'état de ces monarchies. M. Guiffrey a publié ceux du duc de Berry, frère de Charles V, l'un des premiers Mécènes de son temps. Ces inventaires nous font juger de la richesse d'un prince français dans les premières années du quinzième siècle. Bicêtre, résidence de ce prince sous Paris, et qui fut pillée par les bouchers de Caboche, était un exemple de luxe et de magnificence sans égale.

Les ruines des guerres civiles et la guerre étrangère arrêtèrent seules cette prospérité. Le désastre d'Azincourt, en 1415, en marque comme le terme. Elle se poursuit alors hors de France sous le gouvernement de Bourgogne, dont le règne de Philippe le Bon fait l'apogée.

Toute cette prospérité tire son origine des événements du XIIe siècle. On en voit les promesses paraître comme la monarchie s'établit.

Notre commun enseignement de l'histoire aime à présenter confusément les étapes de ces deux choses. Dans la peinture qu'il en présente, le tableau de la prospérité générale enveloppe tout et efface tout. Il enveloppe et efface celui des progrès de la monarchie, lequel n'en est représenté que comme une dépendance.

C'est qu'on a le tort à cet égard de se contenter d'expressions vagues, auxquelles plusieurs fausses habitudes d'esprit confèrent un air de consistance. Toute une fausse chaîne de raisons historiques repose sur l'accroissement, pris comme point de départ, de la population des villes. Les habitants des villes se nomment bourgeois. Ce mot lâché, tout se rend facile. Bourgeois, c'est, comme on sait, travail, économie ; toute prospérité matérielle est expliquée par ce mot seul. Et comme nous savons que le tiers-état, c'est-à-dire les bourgeois, c'est-à-dire la population des villes, c'est-à-dire les marchands, selon le mot de Sieyès, sont « tout », voilà le progrès de tout expliqué sans plus de peine. Tout prospère, tout grandit, tout s'assure, l'autorité royale et le reste, parce que les villes se peuplent et qu'il y a des bourgeois. La bourgeoisie a fait la grandeur nationale ; cette grandeur est l'œuvre des marchands.

Dans cette trame d'idées pures, jugez de quel service le fait du mouvement des communes peut être. Rien de plus conforme au préjugé que d'identifier le progrès de l'industrie et du commerce avec ce mouvement. On assure que la constitution des communes fut le résultat de l'accroissement de la richesse. L'enrichissement a fait le mouvement communal, lequel a fait la France : telle est la conséquence. C'est au sommet de cet échafaudage que trône, dans un air d'arrogance et de révolution, la figure d'Étienne Marcel. Symbole de dictature marchande, de haine des rois, de violence populaire, ce personnage fait un héros parfait de l'émeute et de l'oligarchie de finance. Il plaît à l'alliance d'anarchie que ces deux partis pratiquent contre l'ordre public.

Tel est le sens des éloges que nous voyons faire chez plusieurs de la révolution communale :

La révolution communale, dit M. Risson dans une *Histoire du Commerce* destinée aux écoles supérieures de commerce, a été la première brèche faite au système féodal tout-puissant jusqu'alors. C'est la première victoire du droit et de la légalité sur les privilèges et sur l'injustice. C'est là revanche des petits, des faibles, des opprimés, qui s'aperçoivent enfin que de l'union peut naître la force, et qui parviennent à s'entendre, à se coaliser, pour imposer des bornes à l'autorité capricieuse des seigneurs. *L'enrichissement des roturiers par le commerce en est la cause essentielle* ; ils forment une association, *un syndicat de travailleurs contre les exploiteurs du travail* ; ils jugent *de leur dignité* autant que de leur intérêt de s'affranchir.

De telles citations sont utiles de plusieurs manières. En montrant le déchaînement de la sottise primaire dans les parcs majestueux de l'histoire, elles découvrent des causes égales à leurs effets, de l'anarchie intellectuelle du temps ; elles font comprendre la haine brutale qui s'empare des foules ignorantes envers les souvenirs du passé. Dans un ordre plus restreint, elles expliquent la sollicitude témoignée par la République aux Instituts de Commerce où s'enseigne ce genre d'histoire.

Elle n'est pas seulement contraire aux vraisemblances les plus grossières, telles qu'un peu de lettres et de pratique des hommes les découvrent aux plus obscures cervelles, elle l'est encore à la matière des faits.

C'est un fait que ce qui tient au mouvement communal n'eût jamais abouti sans la protection des hauts seigneurs et du roi, c'est-à-dire des pouvoirs militaires. Ce qui s'affranchit de communes ne se donna l'affranchissement, ou, se l'étant donné, ne le garda que grâce au secours de ces pouvoirs. Ce qui reçut des privilèges, les eut et les garda de même. Ces pouvoirs agissaient en faveur des communes, tantôt par les armes, tantôt (ne l'oublions pas) au nom de l'autorité que les armes avaient conquise. Ce fameux règne de l'argent et du « travail » ne fut assuré que par l'épée, par l'épée barbare et fainéante : car les gens de guerre, comme on sait, ne « travaillent » point, et leur vie se passe dans la mollesse. Telle l'histoire nous assure et *démontre* que fut l'origine, origine exécrable, du règne honorable des boutiques.

C'est un autre fait que le mouvement communal a été suivi, non précédé, par l'essor économique des villes. Le rapporter autrement, c'est ou montrer son ignorance, ou se faire voir à ce point possédé de chimères, que tout ce qu'on lit de contraire dans l'histoire est incapable de vous instruire.

Il est certain, c'est un fait établi, que des effets heureux du mouvement communal, le commerce qui naissait eut à faire son profit. Il est certain, c'est un fait établi, qu'aucune prospérité antérieure de ce commerce n'a produit ni brusqué l'événement politique. Les autorités là-dessus abondent. Qu'on lise Giry, *les Établissements de Rouen* ; Flach, *les Origines de l'ancienne France* ; Luchaire, *les Premiers Capétiens* ; Augustin Thierry, *Lettres sur l'histoire de France* ; qu'on lise non l'opinion de ces divers auteurs, mais les faits qu'ils allèguent, les documents qu'ils citent, tous prouvent avec évidence que de dire que l'enrichissement du bourgeois a produit l'affranchissement des villes, c'est dire une phrase aussi pleine de chimères philosophiques dangereuses, que vide de sens historique.

Mais comment pénétrer les vraies causes de ce fait, comment les rechercher seulement, quand la curiosité de vingt historiens se contente de raisons aussi générales, aussi métaphysiques, aussi dénuées de couleur et de goût, que la liberté des peuples et l'oppression des tyrans ? Dans le dialogue uniforme et plat de ces deux termes, le guignol révolutionnaire noie toute la substance de l'histoire. Toutes les époques, toutes les races, tous les climats, ne rendent chez lui d'autre son que ce stupide contraste. De là vient l'ennui qu'il dégage et le défaut d'instruction qu'il offre.

A ces causes convenues du mouvement communal, Augustin Thierry joint la persistance, en plusieurs endroits du territoire, du régime municipal romain. Cette théorie est abandonnée partout. Mais, quoi qu'il soit de ce point, du moins nul historien digne de ce nom n'allègue de raisons économiques de ce mouvement, sinon celles qui tiennent aux impôts, dont les villes souhaitaient de s'affranchir.

J'ai dit qu'il fallait distinguer l'affranchissement des communes de l'octroi des privilèges aux villes.

Il est remarquable qu'on ne voit de causes économiques entrer en considération que dans les effets du second genre. La prospérité du commerce n'est point auteur des ligues bourgeoises. Maintes fois, au contraire, elle fut proposée comme objet à l'action bienfaisante des seigneurs dans les villes. Ainsi cette prospérité, loin d'être cause de quoi que ce soit, fut un effet des sages mesures que prenait le pouvoir politique.

Dès le milieu du XIe siècle, par exemple, les commerçants de Rouen jouissent du privilège du port de Dungeness en Angleterre. Sous Philippe-Auguste, des privilèges sont accordés aux corps de métiers par le roi.

Personne ne doute que l'intérêt bien entendu des princes ne leur ait fait aider le développement du commerce, dans la part qu'ils ont prise au mouvement communal ; ce qui est sûr, ce qui est rigoureux, c'est que, là où le mouvement est d'initiative bourgeoise, il est politique, non économique ; je rappelle qu'il aboutit à la constitution de républiques fortement aristocratiques. Ces républiques, étant républiques de bourgeois, sont en conséquence républiques de marchands, mais la révolution qui les fit être ne tient pas à la marchandise. A Paris, on sait que les marchands de l'eau (ainsi se nommait la batellerie de la Seine) constituèrent les pouvoirs de ville. Cependant rien ne tenait des intérêts de marchand dans les revendications d'Étienne Marcel.

Quelle idée convient-il donc de se faire des causes du mouvement communal ?

Concevons d'abord que le régime féodal, quand ce mouvement se dessina, entrait dans la période de son déclin. L'invasion normande était finie. C'est la dernière des invasions barbares ; c'est le dernier événement qui jeta parmi les peuples un effroi sans limites, capable de mettre un frein à toute envie de révolte contre l'autorité tutélaire du seigneur. Joignons à ce relâchement de la crainte, le tracas que causait dans les villes, la présence sur un même point de plusieurs pouvoirs indépendants, rivaux inévitablement, non pas juxtaposés, mais enchevêtrés par un effet de la diversité des droits et des exceptions multipliées.

Deux seigneurs y exerçaient le pouvoir communément : le prince et l'évêque, quelquefois un troisième, le vicomte ou le vidame. A l'égard de ces pouvoirs et de leurs différents droits, des immunités en vigueur créaient pour quelques-uns un régime spécial ; d'autres, les alleutiers, bénéficiaient d'autres exceptions. On connaissait en outre deux juridictions : la générale, et celle des hommes de condition, ou censitaire. De tant de catégories diverses naissaient des cas à l'infini, dont l'ambiguïté inévitable faisait autant d'occasions de conflits entre ces pouvoirs différents. La ville devenait leur champ de bataille ; de là venaient les maux des habitants.

On en voit un exemple dans l'histoire d'Amboise, rapportée au livre de M. Flach.

Dans cette ville, soumise au comte d'Anjou, trois seigneurs se partagent l'autorité sous la suzeraineté de ce comte. Tous trois, chose à noter, ont un château dans ses murs. Sulpice Ier d'Amboise tient la Tour de Pierre avec ses dépendances ; Foulques de Torigny, la Motte-Falcran ; Ernould, fils de Léon de Meung, le château du comte avec la plus grande partie de la ville.

Geoffroy Martel, comte d'Anjou, étant venu à mourir, sa succession tombe en proie aux partis, et les pouvoirs régnants dans Amboise se partagent. Foulques de Torigny se déclare en faveur de Foulques Réchin ; Ernould, de Geoffroy le Barbu ; Sulpice garde la neutralité. La guerre s'allume entre ces partis. Foulques Réchin l'emporte, chasse Ernould du château et s'y installe à sa place. La Tour de Pierre, demeurée neutre, devient alors l'objet de ses efforts. La guerre est déclarée entre le château et cette tour. Dans cette guerre la ville fut brûlée.

La lecture de ces faits éclaire les événements. Elle dispense un lecteur bien né des déclamations dégoûtantes qu'inspire à de pauvres cervelles la fable de la méchanceté des seigneurs, acharnée au malheur du peuple. En ces circonstances comme ailleurs, de certaines dispositions générales, non les volontés particulières, ont été cause des événements. Telle est la source des horreurs qui signalent ces affranchissements. Aucune classe n'y joue spécialement le rôle de bourreau, aucune le rôle de victime.

Dans l'histoire de la commune de Laon, un certain Thiégaud, serf de l'église Saint-Vincent de cette ville, se signale comme meneur de cet affranchissement. Grande matière d'éloge à nos gens, si ce serf, tout serf qu'on le voit être, objet désigné de la tendresse de l'école démocratique, avant de se signaler dans l'émeute de sa ville, ne se montrait à nos yeux pillant, rançonnant et tuant les voyageurs, au péage d'un pont dont il était propriétaire. Ce serf pillard ferait une assez belle réponse au tableau du grand seigneur brigand. Enguerrand, sire de Coucy, avait donné ce péage à Thiégaud. Augustin Thierry venant à ce point, ne se tient pas d'écrire que Thiégaud « rançonnait et tuait, *à ce qu'on disait* », dit-il. Mais cette restriction est de lui ; il ne l'a pas trouvée dans ses auteurs ; Guibert de Nogent met ce pillage en fait.

La suite de l'histoire n'est pas moins instructive. Thomas de Marle, fils du sire de Coucy, prié par les bourgeois de Laon de prendre leur défense, consent à les recevoir chez lui. Ils s'y rendent, les uns au château de Crécy, les autres au bourg de Nogent près de Coucy. Laon pendant ce temps est désertée. A la nouvelle que la ville est vide, les serfs des campagnes alentour s'y portent en foule et la mettent au pillage. Quoi, les serfs ? Eux-mêmes, et contre les bourgeois.

De tels faits s'accordent mal avec les préférences dont les historiens font parade. Ils montrent à quel point sont vaines celles qu'on accorde au sentiment et à la préoccupation de la lutte moderne des partis. Il n'y a dans cette histoire ni bons d'un côté, ni mauvais de l'autre ; il y a des hommes se conduisant en hommes, des foules se comportant en foules, mal dans les instants difficiles et dans les circonstances où le chaos des causes empêchant le discernement, ne donne lieu qu'aux passions de se faire jour ; bien quand, l'emploi de quelque puissance légitime se présentant comme efficace, les volontés se sentent portées naturellement à s'en servir.

Passons à un autre point maintenant. L'avènement de la classe bourgeoise ne pouvait manquer de favoriser un essor des pouvoirs d'argent, et de développer la richesse. Cela, dans l'état des choses, se fût fait lentement peut-être, sans une cause d'une espèce précisément contraire au préjugé que je combats. Il s'agit des Croisades, dont l'effet à cet égard fut considérable.

En elles l'histoire enregistre un exemple de plus du secours qu'apporte la guerre au développement des œuvres de la paix. Personne n'ose contester les conséquences économiques de ces guerres-là. Inspirées par le zèle chrétien, indispensables au salut de l'Europe, que menaçait l'Islam infidèle, on les voit en outre servir le développement de l'industrie d'Occident et l'enrichissement de ses marchés. Le marchand venait après le Croisé, comme il vient aujourd'hui après le missionnaire.

On sait que la fin du XIe siècle marque le commencement des Croisades. Dès le XIIe les villes maritimes de Provence et de Languedoc possèdent des établissements dans le royaume de Jérusalem. Sur les quais des places d'embarquement et de débarquement, ces villes ont des échelles. L'immigration des gens de ce pays, imposée par le commerce qu'ils font, avait déposé en plusieurs lieux de véritables colonies. A Saint-Jean-d'Acre les Provençaux ont un quartier et une église. Marseille et Montpellier y ont la majorité. Des consuls nationaux connaissent de leurs affaires.

Au XIIIe siècle, le prince Bohémond V donnait une maison consulaire et un quartier aux Montpelliérains de Tripoli. Ce fait et plusieurs autres attestent les grandes relations entre les deux villes. La même ville de Montpellier avait des consuls à Tyr et à Alexandrie. Marseille à son tour en avait à Alexandrie et à Beyrouth. Narbonne était en grand commerce avec l'Égypte.

L'importance de ces relations compte dans l'histoire économique et politique du monde. Avec celles que tenaient les républiques italiennes, elles ont concouru à former le droit commercial et maritime propre à la Méditerranée, dont les siècles suivants devaient tirer tant d'avantage.

Il faut compter l'effet de ces relations sur l'imagination des hommes et l'essor qu'elles donnèrent à l'esprit-d'aventure. Rouen étend son commerce plus loin que l'on n'avait vu faire encore, en Germanie et dans la Grande-Bretagne. De 1364 à 1366, les marins de Dieppe s'emparent du Sénégal et de Sierra-Léone. Ils y bâtissent leur fameuse tour de la Mine d'or, et nomment ce pays Nouvelle-Égypte.

Tels sont les effets des Croisades, tels sont les effets de la guerre sur l'avancement financier de l'Europe moderne. Encore un coup, personne ne conteste le fait ; on omet seulement d'en tirer la leçon. Le préjugé économique chez quelques auteurs l'a fait sien. L'auteur que j'ai cité plus haut ne craint pas d'appuyer son histoire fantastique de l'affranchissement des communes sur l'enrichissement produit par les Croisades. Il écrit que les Croisades, en rendant le bourgeois riche, eurent pour effet de l'affranchir. Je ne citerais pas ce détail, s'il n'avait l'avantage de montrer d'une manière plus évidente qu'un autre jusqu'où va l'esprit d'illusion. A l'égard de la richesse publique, les Croisades n'ont pu agir en un moment ; la première fut en 1095 : or les premiers traits du mouvement communal, les premiers affranchissements de communes, sont de vingt ans plus tôt, en 1077. Ce mouvement des communes ne vient donc pas des Croisades.

Il convient de résumer tout ceci.

Premièrement l'emploi de la force a constitué les communes, l'emploi de la force les a maintenues. Des guerres environnent leur berceau et, de quelque manière qu'on le prenne, ces ouvrières de prospérité sont filles de l'épée.

En second lieu, les privilèges des villes sont un présent de l'autorité armée. Ce que devait rapporter l'usage de ces privilèges, émane des hommes qui présidèrent au régime (régime de fer, dit-on) de ce temps-là.

En troisième lieu, c'est grâce à la guerre, à la plus honnie de toutes, à la guerre de religion, guerre lointaine, guerre meurtrière, guerre féconde en pertes de toutes sortes, et renouvelée pendant deux siècles, que les communes s'enrichirent, et que des institutions formées comme on vient de dire ont prospéré magnifiquement.

Ce n'est qu'un chapitre de l'histoire, deux siècles seulement de nos origines; mais ce caractère d'origines en rend la leçon plus solennelle. Elle découvre la folie de ceux qui pensent que les nations ne fleurissent que par l'argent, que l'argent peut créer les forces dont il a besoin pour subsister. En face des basses déclamations dont la banque et le négoce déshonorent la guerre, elle oppose le rude bienfait des armes, leur rôle aussi profitable qu'exaltant dans l'avancement des sociétés.

L'homme les honore par un instinct profond. Le pacifisme révolutionnaire l'accuse par là de férocité;

la badauderie économique le taxe là-dessus d'imprévoyance : tandis que l'un singe l'attendrissement, l'autre tranche de l'homme supérieur. Mais peu d'observation suffit à découvrir la scélératesse de l'un ; peu de réflexion, l'extrême sottise de l'autre. Le monde ne se passe pas de la force armée, et, quant à croire qu'elle n'est qu'un instrument passif au service de forces d'un autre genre, c'est oublier qu'elle a ses règles propres, que savent ceux qui l'ont entre leurs mains. Elle ne rend rien que par ceux-là, et toutes les influences du monde n'en disposent que par leur volonté. Aussi longtemps que la science du commandement, exercée par les puissants du monde, sera déniée aux argentiers des trônes, aussi longtemps ce sera une formule creuse de dire que les puissants ne sont qu'un jouet dans leurs mains. Si le pouvoir a besoin d'argent, l'argent a besoin du pouvoir ; mais la balance entre eux n'est pas égale, car il faut à l'argent un secours étranger, la conspiration et la ruse, pour entreprendre sur le pouvoir, et le pouvoir sans aide peut confisquer l'argent.

Les armes sont l'attribut distinctif du pouvoir : il se rend sensible par elles. De là vient le rôle principal qu'elles jouent dans les affaires du monde, et que n'efface aucun point de la civilisation. Tout l'effort de celle-ci, en en réglant l'usage, est d'en rendre l'effet plus certain, par là de grandir leur importance. Les armes romaines ont pesé dans les destins du monde d'un bien autre poids que celles de Tamerlan; les victoires du Japon instruit à la diplomatie anglaise menacent d'un autre avenir l'Europe, que ne fit à deux pas d'elle le ravage du Soudan et la destruction de Khartoum, œuvre du Mahdi ignorant.

Il est des armes injustes. Pour corriger leur œuvre, quel autre parti que d'armer la justice? Seule la force défait ce que la force a su faire. Les économistes se plaignent de l'état de guerre : or il n'est que la guerre qui puisse le faire cesser. La paix ne saurait venir d'un désir de ne point se battre, mais de la volonté armée de l'empêcher. La paix ne se demande pas, ne se vote pas, elle s'impose; ce que l'on conçoit comme de plus opposé à la contrainte, est l'effet de la contrainte ou n'est pas. Et c'est un premier point en cette affaire.

L'autre est que seules les armes imposent et favorisent les conditions de la prospérité. Les économistes ignorent cela; les traités sont tout ce qu'ils veulent connaître; mais il n'y a pas de traités sans guerres, je dis sans guerres au moins à l'état de souvenir dans le passé, à l'état de menace dans l'avenir. On ne traite qu'avec des armées, ou moyennant les ressources créées par des armées.

N'oublions pas que cette querelle se poursuit à travers toute l'histoire de France. Nous la voyons reparaître chez nos censeurs à propos de Colbert et de Louvois, ce dernier qualifié mauvais génie du roi, parce qu'il demandait à la guerre les gages de l'avenir du pays.

Cependant la splendeur des armes de Louis XIV était nécessaire aux transactions dont bénéficiait la France, et Colbert négociait sur la base éclatante que fournissait le traité des Pyrénées. Quand Deshaies de Cormenin, envoyé de Richelieu, obtenait de la cour de Copenhague l'abaissement du passage du Sund de dix pour cent pour toutes marchandises à destination du Havre, personne ne doute que Deshaies de Cormenin ne parlât en vainqueur de l'Allemagne et en allié du grand Gustave. Louis XIV n'a pas haï les Hollandais comme fauteurs du calvinisme seulement, mais comme obstacle à nos trafiquants sur toutes les mers. Si nous obtînmes du Turc les capitulations auxquelles la République de Léon Say renonce, c'est que François Ier offrait à Soliman le secours de sa flotte contre celle de l'empereur, et, de concert avec Barberousse, pourchassait les vaisseaux de Castille par toute la Méditerranée. Ce qui fit encourir au Transvaal la guerre où finit son indépendance, ce n'est pas le peu de reconnaissance que les Boërs montrèrent à l'Angleterre de les avoir protégés des Zoulous ; cela se répétait dans Fleet-Street et dans Cheap-Side tout le temps que durait la guerre, parce qu'il faut à l'opinion d'un peuple étourdi de pacifisme des excuses de sentiment ; mais les sphères averties parlaient d'une autre sorte : elles redemandaient « la route des Indes ». Ce n'était pas la guerre pour la guerre, ce n'était même pas la guerre pour punir le vice et récompenser la vertu, telle que M. Jaurès l'approuve, c'était la guerre pour sauver l'intérêt de la nation *sur le terrain économique*.

Le plus magnifique profit de la France en ce genre au XIIIe siècle lui vint de posséder les ports du Midi, riches du trafic de tout l'Orient. Or ces ports et les fiefs dont ils faisaient partie n'échurent à la couronne qu'avec la succession du comté de Toulouse ; c'est le résultat de la guerre des Albigeois, cet objet d'invectives sans nombre : cela n'est pas du tout contestable.

La prospérité dont on vient de voir l'histoire fut donc l'œuvre de la monarchie, l'œuvre de la monarchie guerrière. En parlant ainsi, nul n'imagine que j'attribue au prince armé l'œuvre propre de trafic et de manufacture. Il n'en fut pas l'auteur, mais le soutien. Il n'a pas créé la richesse, mais la richesse n'eût pu se développer sans lui. L'autorité ne fait pas les forces d'un pays, elle est-là condition d'exercice de ces forces, faute de laquelle celles-ci demeurent inutiles.

De quelle façon cette autorité s'exerça dans la circonstance, il n'est pas superflu d'en donner des exemples. On les trouve en raccourci dans l'initiative des seigneurs.

On a beaucoup parlé des rançons que ceux-ci exigeaient des marchands qui passaient sur leurs terres, et de l'espèce de brigandage auquel le commerce fut en proie. Il n'était pas le fait des seigneurs seulement, mais, en ces temps reculés de la féodalité, de tout ce qui disposait d'un passage, route ou pont, qu'il fût noble, serf ou vilain. Cependant ce brigandage n'arrêtait pas le marchand. On le voit s'y soumettre comme à des risques de route, quand son intérêt l'y engage. Les marchés seigneuriaux fixaient cet intérêt. En dépit des exactions du seigneur ou de ses vassaux, on se rendait à ces marchés, où, sous forme cette fois d'un impôt régulier, le seigneur percevait le *tonlieu*.

De bonne heure les seigneurs s'aperçurent que ce tonlieu et ce qui venait de profit à leurs vassaux par là, leur rapportait plus que le brigandage des routes. Non contents d'attirer le marchand, ils se mirent en peine d'encourager sa venue. Des associations de seigneurs se formèrent pour assurer l'accès commode des marchés qui se tenaient chez eux. Une police des communications s'établit. Le simple jeu des intérêts, *ressentis par l'autorité*, procurait ces fruits de civilisation. L'autorité véritable tend au bien ; le souci de l'avenir qu'elle engage l'oblige bientôt à se régler : plusieurs des conventions qui se passèrent à cet égard méritent l'attention du lecteur.

Ainsi nous voyons le maître du marché traiter dans l'intérêt de ceux-ci avec le propriétaire des péages. Un prieur de la Chapelle-Aude, propriétaire de trois foires annuelles, passe convention avec le sire d'Huriel, auquel un péage appartient. L'intérêt de ces foires, dont il tirait profit, est tout ce qui meut à cela le prieur ; le péager n'est pas sensible sans doute à des motifs d'un autre genre. Si jusque-là le marchand fut maltraité, accordons que c'était que péager et prieur manquèrent des vertus supérieures que proclame (sans en rien réaliser) la Révolution ; encore est-il qu'un remède certain à ce mal était dans l'entente des deux parts. Il faut donc convenir qu'on ne souffrit jusque-là d'aucune méchanceté particulière des hommes, mais de l'imperfection des relations sociales.

Cette imperfection fut amendée de bonne heure. On en voit les effets depuis le règne de Louis VII.

Sous saint Louis les assurances dernières sont données partout au commerce. Jusqu'à lui les prévôts de Paris achetèrent leur charge. Ils en tiraient une indépendance qui ne profitait point aux affaires. Saint Louis voulut que le roi nommât ce prévôt. Un chapitre de Joinville est annoncé ainsi : « Comment le roi corrigea ses baillis, ses prévôts, ses majeurs, et comment il établit nouveaux établissements, et comment Étienne Boileau fut son prévôt de Paris. »

C'est alors que, par une disposition très favorable à la même cause, la monnaie du roi fut imposée partout. Une conduite générale fut ordonnée. Pour ôter tout à fait le brigandage des routes, on rendit responsable le seigneur sur les terres duquel il s'en produisait quelque exemple. Dans les réquisitions que faisait ce dernier, il fut interdit de démonter le marchand. Son cheval ou sa mule était au-dessus de l'impôt.

Par ces mesures et par d'autres pareilles, le sort du commerce fut assuré. Sa sécurité s'appuyait à la monarchie triomphante. Il n'appartenait qu'à celle-ci de faire prévaloir sur le hasard des volontés de chaque seigneur, les règles d'un ordre général. Ainsi cette cause ne se sépare pas de celle de la monarchie elle-même et des armes qui l'ont constituée.

CHAPITRE VI

SUR LA MONARCHIE CAPÉTIENNE. — III. LE PRÉJUGÉ FÉODAL ET LE MÉPRIS DE L'ORDRE ADMINISTRATIF.

Quelques amis de l'ancien régime, ennemis sans réserve de la Révolution, redoutant de subir le contact de celle-ci jusque dans les siècles qui la précèdent, mettent non seulement le dix-huitième siècle (où tant de mal se mêle à tant de bien), mais le dix-septième, siècle admirable et suprême gloire du nom français, en tiers des reproches qu'ils lui adressent.

Une attitude de demi-hostilité à la mémoire de Louis XIV est le fait de beaucoup de conservateurs, de plusieurs royalistes même. En ce qui regarde en particulier ce roi, l'hostilité tient à des causes que j'examinerai dans le chapitre du procès de l'absolutisme ; celles dont il s'agit ici ne le regardent pas seul. On les voit inspirer des récriminations jusque dans le seizième siècle contre François Ier, auquel on reproche l'innovation d'un certain système de gouvernement ; on les voit reporter leur grief jusqu'à cinq siècles en arrière, sur celui de Philippe le Bel.

Un auteur là-dessus a donné le ton, dont le nom, pour être peu connu hors des cercles catholiques et royalistes, n'en a pas moins exercé sur plusieurs une influence profonde. Cet auteur est M. Coquille, qui rédigea pendant trente ans des articles à l'*Univers*. Une partie de cette influence eut lieu par l'intermédiaire de Veuillot, lequel tint de M. Coquille une partie de sa philosophie de l'histoire.

A une érudition étendue, à des principes bien établis, à beaucoup d'esprit (au sens où nos anciens prenaient ce mot), M. Coquille joignait ce que l'esprit de système a de plus tyrannique. Tout prévenu d'un dualisme historique où s'agitait pour lui la cause de Dieu et de l'Église, on le voit ranger les espèces politiques aux termes d'une contradiction dont son intelligence s'enchante, pour les brillants raccourcis qu'elle procure et la rigueur des jugements qu'elle dicte. Deux ouvrages de M. Coquille contiennent ses idées principales : *les Légistes et leur influence*; *du Césarisme dans l'Antiquité et dans les Temps Modernes*.

Ces livres, peu recherchés, peu cités, soit que leur influence ait passé leur crédit, soit que plusieurs idées qui s'y trouvent aient germé en même temps chez d'autres sous des influences communes, ne laissent pas de présenter en forme les plus tenaces des objections que nos conservateurs font à l'ancienne monarchie. En eux se trouve résumé ce qui se répète d'accusations contre une centralisation précoce de la monarchie, contre les légistes, complices de cette centralisation. Là se trouve combattu le droit romain, doctrine, dit-on, d'absolutisme, que les légistes ont adoptée dans l'intérêt de cette centralisation.

Une circonstance devait servir ces thèses, c'est le prestige exercé par l'époque féodale sur des esprits que dominaient d'une part les impressions du Romantisme, qui de l'autre cédaient à l'attrait ressenti de l'enseigne religieuse au milieu de tant de fracas guerrier. Mille liens se sont formés dans le cours du dernier siècle entre l'âme des catholiques de France et le Moyen-Age dans ce qu'il a de moins ressemblant à l'ordre des sociétés modernes. Il est certain que Philippe le Bel, travailla plus que pas un de nos rois, à remplacer l'ordre féodal par un ordre royal et administratif. Une thèse qui donnait un objet à la réprobation soulevée par ce changement, devait gagner aisément les esprits au discrédit de Philippe le Bel.

Je prie qu'on remarque ce sort étrange de notre histoire, signe de l'état de trouble où s'agite le pays. Les uns ne la peuvent souffrir à partir d'un tel règne, d'autres n'y peuvent approuver le système d'un tel roi. Quelques-uns mettent à la Renaissance le terme de leurs approbations ; pour d'autres Richelieu commence le règne du pire ; j'ai parlé de ceux qui s'arrêtent aux regrets de Vercingétorix ; Hotman ferme à Hugues Capet la période louable de notre histoire. Autant de têtes, autant de sectes, qui toutes, expurgeant le passé, découpent ce qui cadre à leur idée, aux préjugés de leur esprit, aux illusions de leur imagination, au parti pris de leur jugement, aux lacunes de leur savoir, et, de ces lambeaux distraits d'un tout splendide, se font barbarement une arme contre le reste, saccageant à plaisir ce qui s'y trouve de plus beau, déshonorant, au nom d'une France mieux entendue, ce que d'autres Français vénèrent de la France.

Dans l'établissement de la monarchie, trois étapes sont à distinguer : l'une de Louis le Gros, la seconde de Philippe-Auguste et de saint Louis, la troisième de Philippe le Bel. Dans celle-ci seulement se consomme l'unité préparée et longuement poursuivie par la dynastie Capétienne. Les deux chapitres précédents ont donné une idée des premières. C'est de la troisième, c'est de Philippe le Bel qu'il s'agira dans celui-ci.

Ce que je nomme préjugé féodal ne voit dans les effets de son règne qu'une déviation grosse d'erreurs de cinq siècles ; on ajoute que cette déviation conduisait à la Révolution, la rendait comme inévitable. Avant d'examiner le fait, il est urgent de considérer les effets d'une telle opinion professée chez ceux des Français qui combattent la Révolution.

C'est avouer qu'il n'est pas un reproche encouru par celle-ci qui ne tombe dans le fond sur le régime qu'elle remplaça. Malgré des apparences trompeuses, qui par elle ont pris fin, l'erreur dont elle est faite dominait sur la France; elle dominait depuis cinq siècles. Elle dominait avec le consentement du régime de qui on ne laisse pas d'attendre les réparations nécessaires.

Or voici la conséquence certaine. Prétendre, sous le nom détesté de la Révolution, ne corriger pas moins qu'une erreur de cinq siècles, erreur qui, n'ayant soulevé aucune protestation des hommes, n'ayant pas empêché le pays de s'élever au plus haut degré de la gloire, passera légitimement pour une part essentielle de la patrie, c'est soulever une querelle de secte. C'est, la soulevant contre la secte révolutionnaire elle-même, donner à celle-ci l'avantage de l'attitude patriote et française, dont elle repousse au fond les conditions. En second lieu, quelle apparence de défendre la monarchie, de défendre les principes d'ancien régime contre une révolution dont on veut que ce régime ait recueilli, couvé, fait éclore le principe ? Quel moyen de proposer, comme remède à celle-ci, un retour à des institutions qui, loin d'en prévenir l'avènement, l'encourageaient à se produire ?

Je voudrais qu'on réfléchît à cela, que nos dénonciateurs de l'ancienne monarchie connussent l'erreur d'une attitude qui peut aller jusqu'au ridicule, et qui en tout cas les retient dans une impuissance absolue. Osent-ils bien réclamer le retour d'un régime sous lequel ils avouent que la France s'est égarée pendant une moitié de son histoire ? Il faut aimer ce qu'on défend. Si les plus grands de nos rois vous font horreur, votre philosophie de l'histoire ne rétablira jamais la royauté. Que si vous arguez de ce qu'elle pourrait être, on vous dira que cela est trop peu certain ; que si vous alléguez votre fidélité, le pays répondra qu'il s'en moque.

Ces raisons sont plausibles; elles ne préjugent point le fait; elles invitent au moins à l'examiner.

La troisième étape de la monarchie française atteinte sous Philippe le Bel montre l'intervention du roi sur tous les points du territoire, en trois matières : judiciaire, administrative et fiscale. La justice du roi s'exerce, les officiers du roi commandent, les impôts royaux sont perçus, depuis ce règne, par tout le territoire dont le roi est seigneur.

Cette ingérence universelle représente une extension de l'autorité que les rois, aux premiers temps de la monarchie Capétienne, exerçaient à peu près de la même manière que les possesseurs de grands fiefs.

Les droits de ceux-ci dans leur domaine étaient proprement régaliens. Leur seigneurie pourtant n'empêchait pas une indépendance des vassaux, une dispersion de l'autorité, que le roi fit cesser chez lui.

Il mit partout des fonctionnaires sous le nom de baillis et de sénéchaux, auxquels durent obéir ceux qu'on nommait en quelques endroits les prévôts, en d'autres les vicomtes ou viguiers. Sous ceux-ci, au dernier degré de la hiérarchie, venaient les sergents, connus par le rôle d'huissier qu'ils tenaient, et qu'on leur voit jouer dans les *Plaideurs*. Le rôle de ces fonctionnaires s'étendait à la fois à la justice et à l'exécution de ses arrêts. On en peut voir le détail très bien fait dans le livre de M. Boutaric, *la France sous Philippe le Bel*.

A ce mode d'intervention, il faut joindre celui qui tint à la présence, chez les vassaux du roi, de notaires royaux, dont les actes obligeaient les parties à aller devant la justice royale. Un autre instrument des mêmes effets furent les commissaires enquêteurs, que Philippe le Bel envoya de 1290 à 1300, chargés de vérifier et de régler les attributions de pouvoir, et au nombre desquels se trouva le fameux Guillaume de Nogaret.

Cette intervention du pouvoir général est contraire au droit féodal. Elle enfante la centralisation.

Il est à peine nécessaire de rappeler quelles choses diversement odieuses se laissent entendre sous un tel mot ; mais je ne pense pas que personne conteste qu'il en signifie beaucoup d'utiles, de désirables, de nécessaires. De quelque manière qu'on le prenne, quelques points qu'on réserve, on ne saurait éviter que tout État ou, si l'on craint ce mot, tout pouvoir fort suppose quelque degré de centralisation. Nulle existence politique ne s'assure que moyennant la présence du pouvoir sur les différents points du territoire d'un peuple. Un des propos communs des dévots de la vieille France est l'éloge de l'accroissement de celle-ci sous nos rois. Ce serait une duperie de tenir à cet éloge et de réprouver en même temps l'extension des moyens par lesquels ils l'ont mérité. L'unité qu'ils formaient ne consiste pas seulement dans la couleur unique dont on peint sur la carte de France des provinces de plus en plus nombreuses, mais dans les liens dont cette couleur est le signe. Ces liens ne sont pas autre chose que ceux que saint Louis après Philippe-Auguste, Philippe le Bel après saint Louis, formèrent.

Cent ans d'ingérence arbitraire et de tracas impertinent pratiqué par les pouvoirs d'émeute installés dans nos ministères, nous ont remplis de la haine de l'administration, et, sous le couvert de mille plaisanteries, ont insinué la peinture la plus défavorable qu'on puisse faire de sa routine, de sa raideur, de ses caprices. Telle qu'on nous la fait aujourd'hui, c'est un luxe : elle constituait en ces temps-là un objet de première nécessité. Centraliser alors n'était le vœu d'aucune fantaisie tyrannique, c'était la condition de l'ordre public, tel qu'une grande nation le réclame.

Effrayer les vassaux, réduire leur turbulence par des exemples dont le souvenir subsistât, démolir leurs châteaux, pouvait suffire un temps. Ce sont les précautions de la force contre la force, par où toute œuvre d'autorité commence. Ce fut l'œuvre de Louis le Gros. Mais cette pratique élémentaire ne saurait servir à de longs desseins ; de plus, elle est impraticable dans l'étendue d'un vaste territoire. Il fallut à la monarchie d'autres garanties d'obéissance ; il fallut celles que seules les institutions donnent, qu'assurent un train réglé des choses, les liens pacifiques qu'on ne peut rompre. Ce fut le fruit de cette centralisation.

J'en vais donner plusieurs exemples.

On sait ce qu'étaient les guerres entre les seigneurs. Les rois les défendirent sous le nom de guerres privées. La suite de nos sots préjugés nous fait imaginer dans ces guerres un privilège des nobles. Le fait est que toutes les conditions s'y livraient avec une pareille ardeur : les bourgeois se faisaient de ces guerres de ville à ville, les vilains de village à village. Ce n'était pas alors un abus ; le défaut d'organes réglant certains conflits les rendit longtemps inévitables : Beaumanoir en parle comme d'une coutume permise ; cela compose une institution, à laquelle l'ordre royal mit fin.

Les rois commencèrent par la *trêve de Dieu*, par la *quarantaine le roi*, qui obligeaient de différer ces guerres. L'*assurement* offrit un moyen de s'en dispenser à qui voulait.

Ces actes sont antérieurs au règne de Philippe le Bel ; ils sont de saint Louis. Cependant les seigneurs et en général tout l'ordre féodal n'en fit pas de moindres murmures que de ce qui fut vu dans la suite. Philippe le Bel enfin interdit ces guerres tout à fait. Or comment le reprendre de cette interdiction ? Raisonnable dans son principe, elle fut heureuse dans ses conséquences.

Venons à l'impôt. Le soin de l'établir fut un des grands ouvrages de la monarchie. Le commencement des grandes guerres au temps de Philippe le Bel rendit de grandes sommes d'argent nécessaires. Des armées de cinquante mille et de soixante mille hommes, qu'on vit mettre sur pied dans celle de Flandre, entraînèrent des mesures financières dont le passé n'offrait pas d'exemple.

On a fait de ces mesures cent reproches ; elles ont rendu ce règne célèbre. Il n'est presque pas d'historien, de ceux pour qui le premier mot de l'histoire est l'inintelligence des temps observée sous le nom d'impartialité, qui n'ait signalé son zèle par de vives critiques adressées à Philippe le Bel à cet égard. Altération des monnaies, exactions, ce sont, à l'article de ce prince, des lieux communs de nos manuels. Le fait est que de ces exactions et de ces altérations naquit au profit de la France le système financier d'un grand État. Mais quoi ! un système financier, qu'est cela au prix du crime d'altérer les monnaies ? Altérer les monnaies ! la morale en gémit, et les économistes prononcent d'un air capable que cette altération « constitue une opération désastreuse ». Altérait-on la monnaie dans Salente ? Quelques-uns se font de ces siècles du Moyen-Age l'idée d'une sorte de Bétique, non pas de la Bétique de Fénelon, mais d'une Bétique féodale et chevaleresque, d'une Bétique de style troubadour, dont la salle des Croisades, au musée de Versailles, figure assez bien l'expression.

D'autres s'attachent au régime féodal de toute l'ardeur qu'on met à défendre un principe. Mais le régime féodal n'est pas un principe. Il est vrai que M. Coquille le loue précisément de cela ; il le loue de n'être qu'un fait. Mais les régimes ne sont pas plus des faits que des principes : ils sont des accommodements.

« Les générations modernes, dit Fustel, ont dans l'esprit deux idées préconçues sur la manière dont se fondent les gouvernements. Elles sont portées à croire tantôt qu'ils sont l'œuvre de la force seule et de la violence, tantôt qu'ils sont une création de la raison. C'est une double erreur : l'origine des institutions sociales et politiques ne doit être cherchée ni si bas ni si haut. La violence ne saurait les établir; les règles de la raison sont impuissantes à les créer. Entre la force brutale et les vaines utopies, dans la région moyenne où l'homme se meut et vit, se trouvent les intérêts. Ce sont eux qui font les institutions et qui décident de la manière dont un peuple est gouverné. »

Voilà le vrai point de vue de l'histoire. Voilà ce qui fait que ce profond historien n'a jamais manqué de protester contre le nom de romaniste qu'on lui donnait. C'est qu'il reconnaissait que les institutions ne sont pas filles des circonstances seulement, mais aussi des efforts que font les hommes pour s'en affranchir.

En accusant Fustel de romanisme, M. Flach n'a pas considéré cela. Il reste enfermé dans le point de vue de fatalisme immobiliste dont Taine fournit un si frappant exemple. Ce n'est pas ainsi que vont les choses, elles sont en oscillation perpétuelle ; l'excellence d'un fait ni celui d'une doctrine ne saurait les assurer jamais. « Les corps politiques, dit Rivarol, recommencent sans cesse ; ils ne vivent que de remèdes. »

Le régime féodal est né du patronage romain d'une part et de la *mainbour* germanique, en vertu desquels un homme engageait à quelque autre ses services et lui engagea ensuite sa terre, en échange de sa protection. Ces engagements de terre se présentent déjà à Rome dans la pratique du précaire. L'*immunité*, qu'on voit accorder par les rois Mérovingiens comme autant d'exceptions aux ordres de l'administration régulière, eut pour effet d'achever le système, qui fut celui de la foi et de l'hommage.

Telles sont les causes du régime dans le passé, celles que pour plus de précision je demande la permission d'appeler causes *immanentes*. Les *transcendantes* ont bien plus d'importance : ce sont celles qu'introduit la propre action des hommes. Avant Rome et la Germanie, avant la mainbour et le précaire, la féodalité a pour auteur deux choses : l'initiative des particuliers, l'erreur des rois Mérovingiens. Initiative commandée par l'insécurité des temps ; erreur causée chez ces princes barbares par un défaut de prudence politique.

« Ces idées (la foi et l'hommage), dit Fustel (1), étaient-elles féodales ou germaniques, on ne saurait le dire ; car d'une part on ne peut les constater ni dans ce qu'on sait de l'ancienne Germanie ni dans ce qu'on sait de l'empire Romain, et d'autre part on les voit régner au VIIe siècle aussi bien chez l'une que chez l'autre race.

« Il est possible qu'elles soient venues à l'esprit des hommes à la suite du désordre général qui accompagna les invasions. Elles grandirent à mesure que l'autorité publique s'affaiblit. Elles prirent de la force dans les interminables guerres civiles des Mérovingiens.

« Elles se répandirent bien vite dans tous les esprits. Nous les constatons d'abord chez les rois eux-mêmes. Il ne paraît pas que les princes Francs aient bien compris le système administratif des Romains ; ils le laissèrent debout comme tout le reste, ils en usèrent comme d'un moyen commode de lever les impôts, de brider les populations et de récompenser leurs fidèles ; mais il ne semble pas qu'ils en aient jamais apprécié les avantages *politiques*. Ils furent toujours en défiance à son égard, et la manière même dont ils distribuaient les fonctions administratives, marque le peu de cas qu'ils faisaient du système. Sans réflexion ils travail-

(1) *Les Origines du Système féodal*, p. 400.

lèrent contre leur propre administration et firent tout ce qu'il fallait pour qu'elle tombât. Ils inclinaient, sans s'en rendre bien compte, vers une autre forme de gouvernement, où il n'y aurait plus d'administration. »

Il ne faut pas médire de ce qui s'ensuivit. Ce fut, si on le rapporte aux circonstances, une façon d'ordre, et les meilleures mesures dont les hommes aient su s'assurer contre la difficulté et les malheurs des temps, malheurs que des causes divisées ne rendent attribuables à personne. Le chapitre suivant contiendra le juste tribut d'éloges que mérite le régime féodal.

Mais il s'agit ici non de le juger en soi et par comparaison aux circonstances seulement, il s'agit de le comparer à un autre système, que le progrès des temps rendait possible. Tout tient à ce progrès des temps. Sans oublier l'empressement généreux avec lequel les bons rois, si nombreux, si actifs, disposèrent de leur puissance pour rendre leurs sujets heureux, gardons de donner dans la fable royaliste d'une monarchie vengeresse des opprimés, surajoutée à la fable révolutionnaire de la méchanceté des seigneurs. Le sentimentalisme et la peur trouvent leur compte dans ce parti. Quelle douceur, en se passant de réfuter un mensonge, de s'abandonner aux images de la vertu descendue sur la terre sous la forme d'une institution ! Mais il n'y a pas d'institutions de ce genre : l'intérêt bien réglé sert de base à toutes. Celui de la monarchie fut de pourvoir au bien, à mesure que le temps et ses forces le permirent. Le roi de France ne parut ni en redresseur de torts, ni en protecteur des faibles, ni en consolateur des pauvres et des orphelins ; il fut, après l'ordre féodal, par le ressort de sa fonction, l'instrument d'un ordre meilleur.

Ce n'est pas d'autre chose que le peuple était en peine. Les hommes de ce temps ne réclamaient pas ce que nous appelons la liberté ; ils soupiraient après la paix. Il faut lire sur ce sujet le travail demeuré en articles de Fustel de Coulanges sur l'organisation de la justice (1). Tout le mouvement vint de ce qu'on nomma alors, d'un mot chargé de sens, les *associations de paix*. La formation de ces associations est quelque chose de comparable à ce qu'on vit du côté des communes.

Elles naissaient d'initiatives privées et venaient de la masse. La fatigue des discordes et le tourment de la guerre, ressenti à proportion que le progrès des temps faisait espérer de mieux faire, fit que les hommes s'unirent pour s'assurer le bienfait de la justice. Ils juraient de s'en rapporter à la décision de juges choisis par eux. Ces essais laissés à eux-mêmes ne devaient pas réussir ; il fallut que le roi s'en entremît. En cette rencontre comme en d'autres, les faits font voir l'institution venant à bout des

(1) *Etude historique sur l'organisation de la Justice dans l'Antiquité et dans les Temps Modernes. Revue des Deux Mondes,* année 1871.

entreprises auxquelles les volontés particulières échouent. Saint Louis, qui fut le grand justicier de la monarchie, protégea ces associations. Alphonse de Poitiers son frère en fit autant dans son comté de Toulouse, en attendant la réunion de ce grand fief à la couronne.

Imaginer que saint Louis et Alphonse de Poitiers compromettaient l'avenir du pays et préparaient la Révolution, par l'intrusion de la justice royale sur les divers points du territoire, c'est faire le procès à toute l'histoire de France. Cependant Philippe le Bel ne fit qu'achever leur œuvre.

Il le put, ainsi que d'autres avaient pu l'entreprendre, grâce aux circonstances favorables, grâce à l'impression désormais effacée des dernières invasions barbares, grâce aux forces nationales qui, renaissant peu à peu, encourageaient le pouvoir dans ces voies, grâce aux forces acquises par l'institution même, qui permettaient ces grands desseins.

Le préjugé attribue ces changements à l'influence de ceux qu'on nomme les légistes. Cette influence est signalée par la renaissance du droit romain. Dans la réprobation qu'on fait de la monarchie administrative, on ne sépare pas de Philippe le Bel le droit romain et les légistes. Il reste à parler de l'un et de l'autre.

On se fait des légistes une singulière idée, quand on se les représente comme une classe d'hommes que leur intérêt particulier poussait à transformer la monarchie. On se fait du choix qu'en firent les rois une idée non moins chimérique, quand on croit ce choix dicté par le dessein d'abattre tout ce qui s'opposait à l'ingérence royale.

Les légistes (que ceux que le nom fascine se rassurent au simple aspect de la chose) n'étaient autre chose que des hommes instruits de la matière des lois, qui prêtèrent leurs lumières aux juges. Comme l'ordre proprement monarchique, les légistes sont une nouveauté à l'égard du régime féodal.

Selon l'ordre propre à ce régime, les hommes sont jugés par leurs pairs. Aucun juge de profession n'existe ; nulle rubrique spéciale n'est requise pour décider les différends. A tous les degrés de la hiérarchie, les contestants trouvaient un tribunal composé d'hommes de même condition qu'eux, qui les départageaient avec le secours des seules lumières naturelles, joint l'expérience tirée d'un genre de vie semblable à celui d'où venaient les procès. Pour employer un mot moderne, c'était le *jury* à tous les degrés.

Cette institution a ses avantages. Entre plusieurs inconvénients qu'elle offre, il faut compter la sujétion à laquelle elle range les citoyens chargés d'exercer la justice, et les erreurs de jugement que ne saurait manquer d'entraîner leur inexpérience. Quoi qu'il en soit, personne ne pense que le jury ou des cours des pairs, telles que la féodalité les pratiqua, puissent suffire à toutes les rencontres où des juges se rendent nécessaires.

Au commencement peut-être cela parut praticable. Mais à mesure que le nombre des procès grandit et qu'ils devinrent plus difficiles, il fallut songer à des hommes en qui la connaissance des affaires fut le fruit d'une application particulière. On les souhaita ; ils se présentèrent d'eux-mêmes : en cette affaire comme en toutes les autres, les gens de métier prirent en main la pratique.

On en reçut d'abord quelques-uns dans les cours des pairs dont je parle, aucun autre changement ne survenant d'ailleurs. Il arrivait seulement que de plus habiles étaient mêlés aux autres pour rendre la sentence plus facile. Le président continue d'être choisi dans le rang féodal supérieur à la cour ; aucune procédure n'est changée. Mais on ne put éviter que des hommes plus instruits ne prissent l'empire et n'accaparassent peu à peu l'influence. Telle fut l'histoire de cette nouveauté. Elle alla si loin qu'à la fin les légistes, croissant en nombre, composèrent presque à eux seuls la cour, que désertaient d'eux-mêmes les autres juges. Ainsi se forma dans notre pays la magistrature de métier.

On en trouve le début dans le onzième siècle. Le treizième en vit l'aboutissement.

J'ai dit que ces légistes n'étaient pas une classe. La communauté de métier seule en fit une. Ce serait une erreur que de les croire de roture. Le célèbre Beaumanoir, ainsi que Pierre de Fontaines, appartenait à la noblesse. Un grand nombre venaient des rangs du clergé. Les documents du temps font voir les tribunaux remplis d'ecclésiastiques. Il fallut modérer le goût qui les y portait : en 1163, le concile de Tours interdit aux moines la profession de légiste. Ainsi l'influence des légistes ne doit aucunement passer pour un trait de l'ascension du « tiers-état ».

Nous chargeons ce mot de tiers-état et toutes les formules où il entre, d'un sens qui sans doute aurait étonné les hommes du temps. Il ne paraît à nos yeux qu'avec un air de guerre, tantôt de combat, tantôt de victoire, toujours en marche vers des conquêtes. C'est que nous avons pris l'habitude de ne concevoir les faits historiques que sous l'aspect d'une lutte des classes. Elle ne paraît pas avoir existé en ce temps-là. Aussi le nom de tiers-état, ou ce qui en tient la place pour désigner ce qui n'est ni tonsuré ni noble, ne paraît-il jamais chez les contemporains avec l'allure que nous lui donnons.

Qu'il y ait eu des mœurs particulières à ceux qui, ne portant pas l'épée, n'appartenaient pas à l'Église, et qu'en ce sens on puisse parler d'un tiers-état, je ne le nie pas ; mais il est sûr qu'au Moyen-Age ce mot n'a pas une portée politique. On ne saurait donc voir de contresens comparable à celui d'Augustin Thierry écrivant l'*Histoire du Tiers-Etat*, et faisant de cette histoire un chapitre de l'histoire politique de la France. C'est proprement projeter dans le passé les idées de la brochure de Sieyès. Cette brochure présente avec véracité des antagonismes existants en 1789 ; elle n'offre aucune image valable de ce qui se passait cinq siècles auparavant.

Ainsi la faveur dont les légistes furent l'objet de la part des rois ne tient à autre chose sinon qu'ils jugeaient les affaires avec exactitude. Elle n'est pas le signe d'une préférence des rois pour aucune classe de leurs sujets. Cette préférence n'existait pas. Eût-elle existé, que l'origine des légistes défendrait d'en rechercher les effets de ce côté.

La centralisation de la justice sous saint Louis acheva de les mettre en honneur. On eut besoin d'eux plus que jamais. Leur élévation coïncide avec le développement de la justice du roi, avec l'extension des cas royaux, avec la division qui, depuis le règne de saint Louis, fut introduite dans la cour du roi.

Jusque-là cette cour n'avait formé qu'une assemblée. On y distingua trois corps alors : le Parlement, la Cour des Comptes et le Conseil. Les légistes tinrent dans chacun d'eux leur place ; la Cour des Comptes et le Parlement leur appartinrent.

A l'égard du droit romain, c'est un fait que les légistes en ont répandu la connaissance et établi l'autorité. Ont-ils fait cela par un amour pervers et réprouvé de Rome ? par esprit de caste bourgeoise qui trouvait de ce côté de quoi saper le régime de la noblesse ? par esprit césarien inné aux classes inférieures, qu'ils brûlaient de répandre dans l'esprit des rois ? On a dit tout cela et des choses approchantes. Ces interprétations appartiennent au roman. La vérité est que les légistes ont étudié le droit romain, parce qu'on ne saurait étudier que dans les livres, et qu'il n'y avait de livres alors que de droit romain.

L'enseignement de ce droit avait cessé un temps. M. Flach l'a démontré dans son excellente *Histoire du Droit romain au Moyen-Age*. Irnérius fut le premier qui reprit cet enseignement à l'université de Bologne, de 1100 à 1120. En France, Orléans se mit à suivre cet exemple, et donna son nom à l'école qui en restaura l'étude chez nous.

Il en fut de cette étude comme de celle de la philosophie. On étudia celle-ci dans Aristote, parce qu'on ne possédait que les livres d'Aristote : toutes les écoles en prirent leur pli. Il ne faut pas douter que, si d'autres traités de droit que les romains eussent existé, on ne s'y fût instruit avec le même empressement.

Nous ne nous faisons qu'à peine une idée de la curiosité du Moyen-Age. Plusieurs imaginent ces écoles comme volontairement bornées à quelques sources, par pédanterie et par nonchalance. Les bornes intellectuelles de ce temps proviennent d'une tout autre cause. Elles tiennent à l'excès même de la curiosité, pareille à celle des enfants, à ce désir d'information insatiable qui se prend aux recettes d'alchimie, aux bestiaires, à l'histoire d'Alexandre, aux voyages, à l'astronomie fantastique, à l'astrologie, aux preux de Charlemagne, au prêtre Jean, à la médecine, à tout : qui ne cherche dans le style le prix d'aucun ouvrage, qui ne voit dans les auteurs anciens que des docteurs et des révélateurs de secrets : vraie rage d'entasser et d'apprendre qui n'a le temps ni de classer ni de choisir, qui sert de préface et de fondement à l'esprit même de la Renaissance, qui se prolonge dans cette époque même, qui ne se règle tout à fait qu'au dix-septième siècle, sous l'ascendant tout-puissant du goût.

Sans doute on avouera que de pareilles dispositions ne donnent pas lieu d'éplucher les lectures de ce temps-là. Le droit romain leur fut une source d'information ; il véhicula pour eux la science des causes, qui n'était jusque-là qu'en germe dans le bon sens naturel de chacun.

M. Coquille dénonce le Digeste, le code Théodosien, les Pandectes, découverts à Amalfi au XIIe siècle. Il veut que l'empire Romain soit le désordre essentiel, et proprement l'ouvrage du diable. Il réfute sur ce point Bossuet, qui incline à le juger d'une manière différente. Il dit que l'autorité du roi sur les communes est l'œuvre maudite des légistes, quand elle se trouve déjà sous la plume de Louis VII dans sa correspondance avec Suger.

C'est qu'en vérité les rois de France n'avaient nul besoin du droit romain pour agir suivant les communs principes du gouvernement des sociétés. L'institution féodale ne pouvait avoir qu'un temps. Née au milieu du trouble et de l'insécurité, le plus bel éloge qu'on puisse faire d'elle est d'avoir abrité les hommes dans une période où, faute de cette institution, le monde eût roulé à la barbarie pure. Elle n'était pas faite pour durer dans des temps plus voisins de l'ordinaire allure. Ceux-ci se rangent naturellement à ce train moins exceptionnel, dont le gouvernement romain avait offert l'exemple.

La royauté, tant par ce qu'elle tenait de lointaines traditions romaines que par sa nature même, qui la mettait au-dessus de l'institution féodale, devait retourner avec le temps à ce train commun, et à des principes qui seraient mieux nommés humains que romains.

J'ai dit que jamais la monarchie ne put passer pour une pièce du régime féodal. Elle appartient par son institution à un autre ordre de société. La notion de l'intérêt commun, de l'obéissance impersonnelle, de la sujétion présumée, non jurée, est à sa base. J'ai montré que les vestiges d'une telle institution n'avaient pas plus péri tout à fait que le nom : de sorte qu'il doit être permis de considérer la monarchie, tout le temps que dura la féodalité, à la fois comme un témoin du passé et comme une réserve de l'avenir.

« Il faut remarquer, dit excellemment Fustel (1), que, comme les droits régaliens n'avaient jamais été formellement enlevés aux rois, ni annulés par aucun acte régalien, qu'ils n'étaient que la continuation de l'autorité royale, qu'en principe ils n'avaient pas cessé d'appartenir aux rois, il ne fut pas très difficile aux rois de les ressaisir plus tard. Quand ils les reprirent aux comtes et aux évêques, ils les retrouvèrent intacts. »

Dans ce lucide exposé de la question, on trouvera mieux peut-être qu'un oracle de l'histoire ; je veux dire quelque chose comme une revendication du droit historique en faveur d'une cause décriée par ceux qui se disent le plus amis de la tradition. Les droits que l'on marchande appartenaient au roi ; ils priment en ancienneté ceux des seigneurs.

On s'est fâché qu'à cette époque le droit écrit ait remplacé en plusieurs lieux le droit coutumier. Abusant du principe établi chez Maistre, concernant la folie d'écrire les constitutions des États, on a voulu voir une décadence dans le principe même des parchemins inséparable des bureaux. Mais on ne gouverne pas un grand peuple sans règlements et sans bureaux. Maistre n'a parlé en ces termes que de l'essentiel des constitutions et des raisons secrètes de

(1) *Transformation de la Monarchie Carolingienne*, p. 664.

l'obéissance des peuples. C'est se moquer de confondre le mystère de l'État avec un règlement de marché ou de touage.

On objecte le rôle de la noblesse d'Angleterre à travers l'histoire de ce pays. On se plaint que la nôtre, de bonne heure immolée aux envahissements de la royauté, ait été empêchée de jouer ce rôle modérateur auquel il est admis que tient la stabilité chez nos voisins. Tout cela n'est que des reproches frivoles.

En aucun temps la noblesse de France n'a montré d'aptitudes à un rôle *politique*. Plus ou moins affranchie du joug de la royauté à cet égard, elle ne sut jamais, pareille à la noblesse de Rome dans les derniers temps de la République, que fomenter la guerre civile. Reprocher à la monarchie d'avoir détruit cet organe chez elle, c'est donc mentir à la vérité de l'histoire. Regretter que cet organe ait manqué, n'aurait de raison que si la France en avait souffert en effet.

Bon pour l'Angleterre ; mais en vertu de quelle règle la France ne serait-elle admise à justifier son histoire que d'après l'exemple de celle-ci? *La noblesse française a formé le plus magnifique commandement des armées que l'ancienne Europe ait contemplé.* Son rôle dans les batailles, est-ce un rôle négligeable ? Était-il plus glorieux de contrôler le pouvoir, d'entrer dans des disputes de droits et de prérogatives judiciaires, de fronder, comme au temps du cardinal de Retz, de concert avec les Parlements ? ou de jouer au philosophe, comme au temps de Rousseau, de Raynal et de Beaumarchais ? Ce sont des taches dans son histoire. Le reste a de quoi faire l'orgueil de tout ce qui porte un nom français, il a de quoi empêcher qu'aucune autre noblesse ne soit préférée à la nôtre. Voilà la vérité des faits, voilà ce qu'il ne faut pas se lasser de répéter.

Que si l'on objecte que cet effacement politique a déchaîné la Révolution, on n'aura fait que montrer, par un exemple de plus, avec quelle facilité la Révolution se plie à tous usages, dans les critiques qu'il plaît à chacun de faire de nos anciennes institutions. J'ai entendu M. Larroumet en Sorbonne donner pour cause à la Révolution les peintures italiennes du château de Fontainebleau. D'autres ont inventé la centralisation consommée par Philippe le Bel. Mais en vérité quelle centralisation ? S'imagine-t-on que celle-là ressemblait à la nôtre ? Avons-nous, je le demande, quelque chose de comparable à ce que furent, après le règne de Philippe le Bel et tant que dura l'ancien régime, les libertés des provinces et des villes, et l'autonomie des divers corps ?

CHAPITRE VII

LA DIFFAMATION DU SERVAGE.

L'institution du servage est de celles qui sont le plus d'usage pour décrier le passé. C'est un des points aigus de ce livre. Ce n'en est pas le plus important ; et le grand rôle qu'il joue dans la critique, tient au poids dont le sentiment du peuple pèse de nos jours en ces affaires ; il est l'effet de la démocratie.

Le servage, tel qu'on le représente, a pour effet d'effrayer le peuple et de soulever sa haine ; il est ordinairement reconnu des gens instruits comme une institution passable. N'hésitons pas à dire qu'elle compte au nombre des grands bienfaits de ces temps-là, et en général au nombre des institutions les plus humaines qu'on ait connues.

L'éloge de la monarchie répandu aux précédents chapitres se présente en opposition avec le régime féodal. J'ai fait voir ce régime contraire premièrement à l'essence de la monarchie, en second lieu à son œuvre militaire et à son œuvre administrative. Cependant on ne saurait quitter le Moyen-Age sans présenter l'éloge de la féodalité.

Le décri qu'on voit faire communément de celle-ci ne tient à aucune des causes examinées dans ce qui précède. On ne lui reproche ni le morcellement ni le désordre politique ; on lui reproche l'oppression des faibles.

Remarquons en passant l'erreur de ce point de vue. Il néglige les grands intérêts, les horizons du commun salut : volontairement ramené sur une seule classe de citoyens, sur celle dont le sort justement se ressent plus que tout autre de la fortune publique, il n'a de zèle, à l'exclusion de tout le reste, que pour les faibles et les petits.

La raison politique n'interdit pas ce zèle. Elle enseigne seulement qu'il est vain quand on prétend ne s'abandonner qu'à lui. Elle tient le sort des dernières classes pour une partie de l'ordre public, et réprouve un régime où la misère, la faim, la dégradation, l'ignorance, seraient leur partage. Un tel état des dernières classes fait un sujet de sollicitude pour tous les gouvernements sages, moins à cause de la louable pitié qu'il excite, qu'à cause des règles politiques qui font prévoir dans ce fait la ruine générale.

Le préjugé révolutionnaire a voulu ne reconnaître dans ce sort des petits que l'objet d'un devoir moral ; il y subordonne tout l'État. Cet intérêt particulier, dans une fonction qui n'a d'application que les intérêts généraux, ruine l'État sans profit pour ceux qu'on lui préfère. Ceux-ci pâtissent deux fois de la Révolution : de l'impuissance à laquelle son erreur la condamne, et de la banqueroute sociale où elle aboutit.

En face de ce résultat, il ne sera pas inutile de mettre les exemples d'un régime né de toute autre chose que de sollicitude morale et de pitié. L'imminence du danger ressenti par chacun laisse peu de place à ces sentiments. Le jeu réglé des intérêts fit tout. Il fit tout dans un temps où les leçons de l'Église, seul héritage avec le nom de la royauté que le monde eût sauvé des Barbares, rendaient les hommes capables des grands principes de l'ordre.

Il faut ici considérer deux choses : ce que fut en soi le servage, et dans quelles conditions il s'est établi. Ce second point est nécessaire, s'il est vrai que les institutions ne se jugent bien que par comparaison.

Le commun de nos contemporains se fait des serfs l'idée d'une sorte d'esclaves ; on se les définit comme le bien et la chose d'un maître. A cela se joint le tableau d'une misère extrême, telle qu'elle peut régner dans les campagnes, faite des mille infortunes auxquelles le paysan vit exposé. Les impôts, la corvée, la portent au dernier degré du malheur. Il n'est pas jusqu'à ce mot de servitude de la glèbe, qui ne serve à nous effrayer. Ainsi la condition du serf se présente comme un comble de pauvreté, de souffrance et d'oppression.

Dans un temps où s'élaboraient les divers mensonges historiques dont l'opinion contemporaine est faite, Collin de Plancy rédigeait ainsi l'article des serfs dans son *Dictionnaire féodal* (1) (cet ouvrage est de 1819) :

Les esclaves ou serfs et les vilains ou domestiques de la campagne ne demeuraient pas dans la maison du seigneur, mais ils n'en dépendaient pas moins des caprices de ce tyran, qui les vendait comme des animaux avec le champ qu'ils cultivaient et la cabane où ils attendaient la mort. Non seulement leur cupidité les portait à accabler ces esclaves d'un travail insupportable ; mais leur moindre fantaisie infligeait à ces malheureux des peines et *des tribulations incroyables, sans aucun motif d'intérêt.*

Chacun a pu recueillir l'écho de ce genre de propos dans nos manuels de classe :

Au Moyen-Age, écrit l'un d'eux, *le paysan a un sort affreux.* Dans sa pauvre cabane, il vit comme un lièvre poltron. Toujours il a l'oreille tendue. *Au premier signal il s'enfuit* avec sa femme et ses enfants...

Je ne relèverai pas ici l'abjection profonde de ces mensonges ; ce qu'il ne faut pas manquer de remarquer, c'est le tour d'éloquence qui en est inséparable. Bien ou mal, les uns avec quelque teinture de lettres, les autres en simples goujats, tous ces écrivains déclament. L'enflure est inséparable de leurs propos. Elle l'est par l'effet de la méchanceté d'une cause qui périt quand on l'examine.

(1) T. II, p. 247, 248.

A ces propos et à mille autres, un mot pour réponse suffira. La servitude de la glèbe renverse tout ce tableau. On croit qu'elle en fait le trait le plus noir : c'est le contraire qui est vrai.

Car qu'on réfléchisse à ceci. Le serf attaché à la terre, c'est la terre elle-même vouée au serf, vouée dans des conditions d'avenir et de sécurité dont les modernes conçoivent à peine les avantages. C'est, dis-je, la terre vouée au serf ; partant c'est le propriétaire lui-même de la terre engagé envers le serf.

Qu'on pèse les termes de cet engagement : il n'en est pas de plus rigoureux. En vertu et par l'effet direct de la servitude de la glèbe, le seigneur ne peut ni changer le serf de place, ni le renvoyer, ni ôter la succession de la terre à ses enfants.

Si la terre est vendue, le serf reste. Nos dénonciateurs appellent cela *être vendu avec le champ*. En effet, tout comme les locataires à bail d'une maison sont *vendus* avec la maison. Cela justement n'arrive qu'à titre de garantie, dont ces locataires profitent. Celui qui s'en fâcherait comme d'une disposition contraire à sa dignité, passerait pour fou aux yeux de tous ; la dignité que vantent les révolutionnaires est tout juste de ce niveau.

Donc la servitude ou servage de la glèbe n'est que le nom d'un contrat perpétuel entre le propriétaire et le paysan, contrat qui ne saurait jamais être rompu, si ce n'est d'un consentement mutuel : jamais, c'est-à-dire non pas même au prix de l'affranchissement du serf. Devant l'offre de cet affranchissement, ce serf peut obliger son maître à le garder. Il le peut, et, quelque étonnant que cela paraisse à des esprits imbus du préjugé moderne, il a souvent usé de ce droit. Plus d'une fois, au cours de l'histoire, on voit des serfs refuser la liberté.

Ainsi prise, il est évident que l'institution change d'aspect. D'odieuse qu'on la peignait, elle devient tutélaire, l'une des plus favorables qui soient au paysan. Les historiens dignes de ce nom ne s'y sont pas trompés. Ils ont vu et représenté dans la fixité du servage la fin de l'esclavage antique.

Ce n'est pas que, même à l'égard de ce dernier, il convienne de prendre à la rigueur les invectives qui courent le monde : assez de remarques étant capables d'en adoucir pour nous le tableau. Par exemple, les esclaves, mieux dénommés valets, que nous représentent les comédies de Plaute et de Térence, ne paraissent pas chez ces auteurs dans l'état d'abjection que nous imaginerions. Cette comédie est l'image des mœurs ; on ne peut supposer qu'elle ait été infidèle en ce point-là. Ce qu'elle découvre donne donc à croire que les esclaves du temps de la République romaine se rapprochaient assez pour la condition des valets de Molière. L'ensemble des lettres grecques et latines s'accorde avec cette impression. Quels qu'aient été la rigueur des lois et l'effet de cette rigueur en plusieurs circonstances, il faut croire que le plus souvent les mœurs au moins avaient gagné ce point, de rendre l'esclavage supportable.

La tare de cette institution fut la dispersion des familles, effet du droit qu'avait le maître de vendre les époux sans les femmes, et les pères sans les enfants. Cette tare devait disparaître avec la fixité. Le droit de rester sur sa terre fut pour l'esclave une vraie propriété. En fait, ce droit mit fin à l'esclavage.

Les commencements d'un pareil droit remontent assez haut dans l'histoire, jusqu'au temps de l'empire Romain. Une loi de Valentinien et de Gratien, mentionnée dans le code Justinien, l'introduisait au IVe siècle. On ne sait quels effets cette loi eut d'abord ; le fait est que, dès le VIe siècle, la servitude de la glèbe était déjà très répandue.

Ajoutez que les mots de serf et d'esclave, dont nous faisons usage en cette matière, ne servent d'aucune distinction dans l'histoire. Les anciens n'ont jamais connu que le premier ; ils nomment *servi* ceux que nous appelons leurs esclaves ; et les serfs du Moyen-Age ont pris ce nom de l'esclavage antique. Il ne faut donc pas demander quand le changement de nom assura le changement dans la chose, car le nom n'a jamais changé : des institutions différentes le remplirent seulement d'un sens nouveau.

Au VIIIe siècle, les documents font voir les noms

de *manses* et de *tenures serviles* : *mansi serviles* ; une expression désigne les serfs fixés : *servi casati* ; au IXe siècle on n'en connaît plus d'autres : les derniers vestiges de l'esclavage ancien ont disparu.

Venons au mode de cette tenure. Le serf vit de la terre à laquelle il est fixé. Il en vit non par voie de salaire, mais de récolte. L'usufruit de cette terre est à lui, le fond seul restant au seigneur. Ainsi le serf (chose capitale) n'est pas tâcheron, mais fermier, et, par l'effet de la fixité, fermier perpétuel. De l'existence ainsi réglée on trouvera le tableau fidèle dans Viollet, *Histoire du Droit civil français* et *les Communes au Moyen-Age* ; dans Brutails, *Études sur les Populations rurales du Roussillon* ; dans Grandmaison, *les Serfs de Marmoutiers* (pour la Touraine); dans les Polyptyques des abbayes, surtout dans celui de Saint-Germain-des-Prés, publié avec l'importante préface de Guérard.

La terre dont dispose le serf est étendue. Pour chacun des serfs d'une certaine abbaye, Fustel de Coulanges calcule une moyenne de sept hectares. Le principal est en labour; un pré et une vigne y sont joints: à cela il faut ajouter les droits d'usage dans la partie réservée du seigneur : droit de glandée, de bois mort, etc. Ce peu de traits permet d'imaginer le tableau de la vie servile, tableau fort différent de celui que l'ignorance et la duplicité nous présentent.

Tout ce qu'on sait de positif sur l'existence des serfs atteste l'aisance et la prospérité. Pas un texte tiré des documents de fait, pas un mot ne signifie, n'autorise à prétendre, qu'aucune sorte de misère matérielle ait été le partage de cette condition.

Cette aisance et cette prospérité eurent pour le serf les résultats ordinaires. Elles engendrèrent l'épargne, puis la propriété. Rien n'est commun au Moyen-Age comme le cas du serf propriétaire : usufruitier seulement des terres de son seigneur, il tient d'autres terres en son propre. Voilà ce que recueille du régime de servage, celui qu'on en croit la victime.

Voyons maintenant ce qu'il doit. Dans un texte célèbre, Beaumanoir donne à cet égard une idée de sa condition :

> Cette manière de gens, dit cet auteur, ne sont pas tous d'une condition ; ainçois sont plusieurs conditions de servitude.
>
> Car les uns des serfs sont si sujets à leur seigneur que leur sire peut prendre quanqu'ils ont à mort et à vie, et leurs corps tenir en prison toutes les fois qu'il leur plaît soit à tort, soit à droit, qu'il n'en est tenu à répondre fors à Dieu ;
>
> Et les autres sont démenés plus débonnairement, car tant comme ils vivent, les seigneurs ne leur peuvent rien demander, s'ils ne méfont, fors leurs cens et leurs rentes et leurs redevances, qu'ils ont accoutumé à payer dans leur servitude.

Suivent des détails sur ce second état. Voici le commentaire de ce texte.

La seconde partie est grosse d'enseignement. Elle renverse toutes les idées reçues sur le régime d'exaction du servage, sur l'arbitraire du commandement qui s'exerçait à l'égard des serfs. Beaumanoir en ceci savait ce qu'il disait : ce qu'il ajoute d'extrêmement précis dans la suite de ce texte, sur le droit de *formariage* et de *mainmorte*, le prouve. Les prétendus abus dont l'impôt, la corvée, auraient été l'objet au détriment des serfs, sont formellement exclus pour cette seconde partie.

Il est à peine besoin d'avertir que dans les nombreuses citations qu'on a faites du texte de Beaumanoir, c'est la première qu'on allègue. Il nous faut maintenant examiner celle-là.

Elle est remarquable par son imprécision. Tout trait particulier manque à la description de la condition dont elle rend compte. Visiblement cette description n'est que le développement purement oratoire d'un seul point : à savoir que le serf de cette condition est remis au seigneur à merci. De témoignage formel qu'il convienne de retenir, elle ne contient que ce seul point. Ce qu'elle établit n'est donc pas autre chose, sinon qu'il existait une condition légale de serfs remis à la discrétion du seigneur, sans réserve que l'engagement de la terre, essentiel à l'institution.

Si l'on ne connaissait de Beaumanoir autre chose, on pourrait, sur le seul vu de ce texte, conclure que cet auteur est hostile au servage, puisqu'il ne développe que dans le sens du pire une condition qui, à la prendre en soi, put avoir d'autres conséquences : rien n'empêchant que dans une institution la coutume ne règle, et ne règle honnêtement, ce que la loi laisse à discrétion. Or ce qui serait probable est certain : Beaumanoir est hostile au servage, son livre en contient plusieurs preuves, et cette hostilité n'est plus à démontrer.

Elle se conçoit par l'époque tardive à laquelle cet auteur a écrit, quand les raisons de cette institution n'étaient déjà plus bien comprises. Cette époque tardive explique l'imprécision qu'il met à décrire un état certainement le plus ancien des deux. Elle est, autant que son hostilité, un motif de réserves quant à cette description.

En résumé de ceci, toute critique raisonnable a le devoir de remarquer deux choses : du premier état de servage, Beaumanoir ne rapporte que la condition légale ; en second lieu, Beaumanoir ajoute à ce rapport son préjugé.

Or que la coutume eût réglé ce que la loi laissait libre à l'égard de cet état de servage, je n'ai fait encore que le supposer. En voici maintenant les preuves.

Dès l'origine même, des témoignages certains nous montrent comment cela a pu se faire et s'est fait. Le livre de Fustel de Coulanges, *l'Alleu et le Domaine rural* (chapitre XIV), en contient de curieux exemples.

Un propriétaire, Arédius, lègue des serfs par testament. A quelles conditions ? Les plus précises. Il lègue le serf Ursacius et sa femme, à condition qu'ils cultiveront quatre arpents de vigne sur la réserve du maître (*dominicum*). Voilà la redevance de ces serfs fixée, et par le seul effet d'une clause testamentaire. Le même propriétaire ajoute : « Je lègue en même temps, etc. (noms des serfs). Je veux qu'ils cultivent sur la terre des moines quatre arpents de vigne. Leurs femmes paieront chaque année dix deniers d'argent : *on n'exigera d'eux rien de plus en aucun temps.* » Il faut remarquer cette clause prohibitive. L'usage en est extrêmement frappant. De telles dispositions valent toutes les lois du monde ; pour qui sait les usages du Moyen-Age, elles étaient inviolables et perpétuelles. Une prohibition du même genre se retrouve ailleurs en ces termes : « Cet homme cultivera pour les moines quatre arpents et *rien de plus.* » C'était tout ce qu'en échange de sa tenure on était en droit d'exiger.

Ainsi la redevance était tantôt argent, tantôt travail ; elle était aussi tribut en nature. Le seigneur fondait la culture de ce qu'il se réservait de terre sur les redevances dues pour les terres engagées. Le serf, véritable fermier pour ces dernières, acquittait son fermage en travail chez son maître. C'est une tromperie que d'avancer qu'il fournissait ce travail gratuitement, qu'on le contraignait de cultiver gratis les terres du seigneur : à moins que l'on n'ajoute que cette gratuité avait pour retour la gratuité des terres qu'il occupait. Ce travail n'était pas plus gratuit que celui que fournissent les concierges de Paris en échange du logement qu'on leur donne.

Ajoutez que la limite de ce travail était fixée. Ainsi rien n'était plus recevable et en fait plus avantageux pour le paysan que ce régime.

« Taillable et corvéable à merci » en un cas est le principe : la coutume et des conventions multipliées à l'infini, nées de mille circonstances, épousant mille formes, en limitaient partout l'application. Il en va de cette formule comme de tant d'autres semblables, dont l'objet n'est pas autre chose que d'exprimer l'absolu du droit. Elle est comme le domaine éminent du roi de France sur les biens de tous ses sujets : on le reconnut à Louis XIV ; mais il faudrait être bien fou pour s'imaginer que les hommes de ce temps en aient souffert dans leur droit de propriété. Seulement le roi se désignait par là comme maître absolu du royaume : ainsi le seigneur se regardait comme maître absolu de ses serfs. Un moderne dira que cela est humiliant. Je ne dispute pas maintenant de cela, mais des conséquences d'une telle formule quant à la vie matérielle des hommes. Cette conséquence est nulle ; les faits le prouvent.

En dépit de cette formule, qui le livrait à merci, le serf ne rendait au seigneur qu'un retour fixe et constant d'argent et de services ; en dépit de cette formule, le serf était prospère, j'ajoute le serf était content.

Quant à la dignité du serf et en général des hommes d'ancien régime, qu'on suppose dégradée par ces sortes de principes, ce n'est pas d'elle qu'il s'agit maintenant : il ne s'agit que de savoir s'ils étaient misérables.

Ce n'est pas qu'il n'y eût à cette fixité de redevance, comme à toutes choses, des exceptions. Il arrivait que le seigneur exigeait davantage. Mais cela n'était jamais qu'un cas particulier, pour des causes définies, qu'il ne manquait pas de donner. Ce surcroît n'était reçu qu'à titre exceptionnel. Une guerre, quelques travaux d'un ordre particulier, le mariage d'une fille, sont au nombre des motifs qu'on voit alléguer en pareille circonstance. Quelqu'un dira qu'ils pouvaient être frivoles ; encore en fallait-il donner, et le soin qu'on prend de le faire témoigne assez de l'attention qu'on mettait à fuir l'apparence de l'injustice. C'est tout le contraire d'un régime d'arbitraire : l'exaction même y est limitée.

Quant aux droits odieux ou absurdes dont on a osé répéter que le régime féodal s'accommodait, il paraîtra superflu d'y insister. Ceux qui en proclament l'existence sont encore à trouver un texte de quelque force et de quelque précision sur le fameux droit du seigneur, par exemple. Pour la stupide histoire des grenouilles, que les paysans auraient été contraints de faire taire en battant les fossés du château, voici un trait qui donnera l'idée du fondement de ce genre d'inventions.

A Saint-Brieuc l'évêque, ayant affranchi les habitants de deux maisons de la rue Allée-menant, leur impose en échange la condition suivante. Tous les ans, la veille de la Saint-Jean, à l'heure de vêpres, en présence de l'évêque, ils iront battre les eaux d'un ruisseau voisin en criant : « Grenouilles, taisez-vous ; laissez Monsieur dormir. » L'intention du seigneur est obscure, et l'on n'imagine pas le motif qui fait exiger cette démarche en retour de la liberté qu'il donne ; une chose est certaine, c'est que cette démarche n'épouse ni le caractère d'un dommage, ni celui d'un trait d'oppression. Elle n'est ni embarrassante, ni pénible, ni dispendieuse. En échange d'un bien effectif, elle a dû paraître légère.

Il y avait d'autres conditions auxquelles le serf était soumis. C'était principalement la *mainmorte* : c'est-à-dire que les biens que le serf avait en propre, et qui tombaient dans son héritage, revenaient au seigneur à sa mort. Il y avait de plus le *formariage*, en vertu duquel le consentement du seigneur était requis pour se marier. Ces droits, que des raisons diverses expliquent et par où se marque la sujétion du serf, ne tombent pas sur toute sa famille. Il est remarquable que la condition de servage n'est le fait, dans celle-ci, que du chef. Il n'y a par famille qu'un seul serf.

Ces droits, depuis le VIIIe siècle jusqu'au XIe, furent modifiés à l'infini, de sorte qu'il est presque impossible d'assigner à cet égard le régime même d'une province. Enfin les serfs les rachetèrent. Ce rachat se fit au hasard des circonstances, selon les moyens des paysans, qui ne paraissent pas avoir manqué, et la volonté du seigneur, qu'on n'y voit nulle part rebelle. Par l'effet de ces rachats, un temps vient où la condition du serf, ne comportant presque plus de charges, semble une des plus faciles et des plus profitables qu'il y eût.

Mais quels qu'aient été ces changements, n'oublions pas que la grande source de prospérité du serf, sa vraie propriété fut le fermage de la terre, fermage dont j'ai dit qu'on ne pouvait le dépouiller, et qui était si bien son propre que, sur les domaines d'un même seigneur, il lui était permis d'en faire l'échange et d'en trafiquer.

Cette terre et ce trafic l'enrichirent. On rencontre dans les documents cent exemples de richesse chez les serfs.

J'ai parlé aux chapitres précédents du serf péager de la commune de Laon. Dans le Polyptyque de l'abbé Irminon (1), publié par Guérard, se lit une histoire de serfs qui se font passer pour nobles. En 1040, le serf Ascelin, des moines de Marmoutiers, au diocèse de Tours, est si riche que, s'il vendait les terres qu'il possède sur un de leurs domaines, ce domaine devien-

(1) II, 37, n° 36.

drait désert (1). En 1126, deux frères, dont la famille était la plus puissante des Flandres après celle des comtes, sont convaincus de condition servile au dénombrement qui se fait alors. En 1494, Domanche Colconet, prêtre et chanoine de Châlons, se trouvait de condition servile. Des lettres royales (2) l'autorisent à acquérir et à tester. Chose qui n'étonnera guère moins que tous ces exemples décisifs : il existait des serfs de serfs. Tant la condition de serf était capable de tous les degrés de prospérité, et, dans une certaine mesure, d'autorité.

Telle est la condition qu'on plaint. Tel est l'état de ceux dont M. Luchaire ose écrire : « Ces malheureux. » Ce sont des traits de l'esprit de parti. Il règne chez les plus habiles, et déshonore des historiens qu'on eût aimé, pour leur mérite, à trouver nets de ces excès.

Après l'exposé qu'on vient de lire, personne ne s'étonnera que les serfs, quand on offrit de les affranchir, aient opposé de grandes résistances. C'est une preuve que leur condition non seulement était heureuse, mais était ressentie d'eux comme telle.

Le trait le plus fameux de ces résistances eut lieu quand le roi Louis le Hutin décréta, l'année 1315, l'affranchissement de tous les serfs sur ses domaines.

(1) Viollet, *Saint Louis*, I, 43.

(2) Isambert, *Recueil général des anciennes Lois françaises*, X, 685.

Ce décret fut si peu suivi que, trois ans après, le successeur de ce prince, Philippe le Long, eut à renouveler le pareil.

Il est vrai que la franchise ne devait être accordée que pour de l'argent ; mais nous savons par assez de témoignages que ce n'était pas alors l'argent qui manquait aux serfs. Seulement le servage leur conférait des droits qu'ils ne voulaient pas abandonner. Ainsi, beaucoup plus tard, en 1711, le duc Léopold de Lorraine ayant décrété l'affranchissement des serfs dans son duché, ceux-ci présentèrent une requête en forme au duc contre le décret.

Avant celui du roi de France, nous voyons les serfs de Pierrefonds affranchis. C'était au temps de Philippe III le Hardi. Depuis que cela eut eu lieu, on leur défendit le mariage des femmes serves, qui les eût fait retomber en servage. Qu'arriva-t-il ? Loin de garder cette défense, ils s'empressèrent de la violer, afin de retrouver leur ancienne condition. Dans le même genre toujours, Guérard nous montre des serfs affranchis qui se redonnent à l'Église ; c'était à l'abbaye de Saint-Père de Chartres.

Aussi bien, si l'on remonte aux origines, on ne trouve pas seulement dans le servage l'amendement d'un état plus ancien, je veux dire l'esclavage heureusement corrigé. Cela peut-être ferait mal comprendre que les hommes aient eu dans la suite tant d'attachement à cet état. Il faut savoir que nombre d'entre eux y étaient entrés volontairement. L'exemple d'hommes libres qui se font serfs est extrêmement fréquent au Moyen-Age. Ces exemples sont cause que le nombre des serfs, qui sans cela eût diminué, augmente au contraire dans le VIIIe siècle.

Il faut voir le tableau de ce mouvement dans *les Transformations de la Royauté* de Fustel de Coulanges, au livre IV, chapitre VIII, sous ce titre : « Pourquoi les classes inférieures ont accepté le régime féodal. » Beaumanoir a gardé le souvenir de quelque partie de ces origines. « Les uns, dit-il, sont venus (en servage) parce qu'ils se vendaient par pauvreté et convoitise d'avoir. » Fustel cite vingt exemples où la volonté est d'accord avec l'intérêt, pour mettre les hommes en servage.

Les causes de cette volonté étaient les mêmes qui faisaient établir à tous les degrés le régime féodal : le morcellement de l'autorité, l'insécurité produite par la guerre, la peur de l'invasion normande. Sans l'engagement que prenait le seigneur de les défendre, les petits ne pouvaient éviter de périr; un pacte avec celui-ci les sauvait. En échange de sa protection, ils cultivaient pour lui la terre : cet engagement direct de la production et de la force l'une envers l'autre eut pour effet de sauver la société de sa propre dissolution et des coups que lui portaient les Barbares. Le château protégea le labour, qui le nourrissait. Telle est, après le tableau donné plus haut de la condition elle-même, la justification proprement historique et inattaquable du servage.

« Six siècles plus tard, dit Fustel de Coulanges, les hommes n'avaient que haine pour ces forteresses seigneuriales. Au moment où elles s'élevèrent, ils ne sentirent qu'amour et reconnaissance. Elles n'étaient pas faites contre eux, mais pour eux.

« Les générations modernes ne savent plus ce que c'est que le danger. Elles ne savent plus ce que c'est que de trembler chaque jour pour sa moisson, pour son pain de l'année, pour sa chaumière, pour sa vie, pour sa femme et pour ses enfants. Elles ne savent plus ce que devient l'âme sous le poids d'une telle terreur, et quand cette terreur dure quatre-vingts ans sans trêve ni merci. Elles ne savent plus ce que c'est que le besoin d'être sauvé. »

Sauvés, ils le furent, et l'état de la société dès le XIIIe siècle en est la preuve.

A cette époque, le servage allait s'abolissant partout. En Normandie on ne trouve plus un seul serf depuis la fin du XIe siècle (Delisle). M. Brutails assure n'en rencontrer nulle part dans la province de Roussillon. En tous lieux, dès le XVe siècle, ce fut un état d'exception.

On peut demander, après cette histoire terminée, d'où vient qu'il a été si facile de faire prendre le change à l'opinion, de faire passer sous des couleurs si noires une si bienfaisante institution.

N'en dissimulons pas le motif. C'est que le servage fut une sujétion. Tout ce que je viens de dire n'empêchera pas, si l'on refuse de le juger avec d'autres idées que celles de ce temps-ci, qu'on n'en juge défavorablement. Nous nous sommes emplis d'une idée de la liberté que choque la condition des serfs. Il faut abdiquer cette idée et la mettre à son rang d'opinion éphémère, particulière à notre époque, si nous voulons prendre des faits de l'histoire et du servage l'impression qui convient.

C'est que les serfs ni personne alors n'avaient cette idée de la liberté. Ils la subordonnaient à la sécurité ; ils ne la concevaient pas en soi dans son essence. Les hommes de ce temps faisaient peu de cas d'une faculté que n'accompagnaient pas les effets : liberté sans puissance ne les séduisait point ; volontiers ils sacrifiaient aux droits de la hiérarchie les libertés dont leur propre faiblesse eût suffi à leur ôter l'usage. La sujétion de l'homme à l'homme n'offensait en eux nul sentiment d'égalité et de justice ; ils trouvaient naturel que le puissant fût maître et que le faible lui obéît. Même ils voyaient dans ce système ce qui y est, à savoir un accroissement de puissance, partant de liberté, pour le faible. Ils sentaient le profit d'être serfs et sujets ; ils ne rougissaient pas de se dire tels.

Plusieurs en rougissent pour eux, et n'en ont pas moins entrepris de prouver que le servage fut acceptable. Dans un intérêt d'apologie de l'Église, qui souffrait cet état, aussi bien que de l'ancien régime, ils ont essayé une défense à laquelle leur pensée intime répugne. Catholiques et conservateurs, pleins d'idées empruntées à la Révolution, ils n'ont pas aperçu que la condition du serf est une des épreuves les plus fortes des doctrines de libéralisme. Ces doctrines la condamnent invinciblement. Sur ce point il n'est pas de bonnes intentions qui tiennent. Si vous admirez le Quatre-Août, si vous croyez à la liberté-principe, si vous mettez la dignité de l'homme, le prix essentiel de sa vie, à posséder cette liberté, vous ne ferez point accepter l'institution de servage, vous ne l'accepterez pas vous-même, vous n'en pourrez ni comprendre vous-même ni faire comprendre la nature : ce champ de l'histoire vous restera fermé. Et les apologies que vous en entreprendrez ne paraîtront aux tenants de l'affranchissement des hommes, que ce qu'elles sont : un simulacre de défense d'une cause perdue chez vous, et un débile plaidoyer de parti.

Mais pour passer de ce plaidoyer à la vraie lumière de l'histoire, il n'est que de voir de quelle manière allègre les hommes portaient cette sujétion, et quelle confusion se faisait dans l'esprit des peuples entre les conditions de serf, d'affranchi, de colon et de vilain libre. C'était comme l'échelle continue qui du servage menait à la liberté. Dans un temps où le premier de ces mots eût emporté le discrédit de la personne, quelle précaution les autres conditions n'eussent-elles pas prises pour n'y être pas confondues ! C'est tout le contraire que nous voyons. Il n'est pas jusqu'au fameux droit de poursuite exercé de la part du maître, dont on ne trouve, au milieu de ces conditions voisines, les frontières incertaines et changeantes.

Aussi bien, ne nous étonnons pas que, les idées venant à changer, ce qui fut excellent ait pu paraître odieux. N'en faisons même aucun reproche aux hommes.

Le temps vint où le nom de servage déplut, où la qualité de serf passa pour dégradante. L'amour-propre joua dans cette affaire son rôle. Il tint légitimement celui que l'esprit révolutionnaire fait jouer indûment au droit métaphysique. Sous l'empire d'un tel sentiment, les affranchissements peu à peu s'imposèrent. Près de ceux qui les refusent comme onéreux, paraissent ceux que le nom d'homme libre rend fiers. J'omets les cas, nombreux sans doute, où les serfs trouvaient en outre dans ce nom la satisfaction de leur intérêt.

En 1368, Enguerrand de Coucy affranchit les hommes de sa baronnie, parce qu'ils désertent. En 1364, Guillaume Choiseul se plaint que des paysans de condition servile laissent leurs maisons en ruine, pour se retirer dans les villes franches. L'institution se décrédite peu à peu. La diffamation du servage se présente dès le XIIIe siècle.

J'ai dit que Beaumanoir en fournit un exemple. Un

autre fort curieux est celui du moine de Muri, rapporté par M. Flach et par Laboulaye. Ce moine raconte avec indignation, d'après quelques documents anciens, l'histoire de paysans foulés par un seigneur. Les époques ont si bien changé, que la morale qu'il en tire est tout à contresens. Laboulaye prétend en recueillir un argument contre le servage ; on y voit simplement l'erreur du chroniqueur. Le moine de Muri avoue que les paysans eux-mêmes avaient demandé à être protégés. Là-dessus, dit-il, le seigneur « ordonne qu'ils servent à lui comme s'ils étaient ses domestiques. *Pœne quasi mansionarii sui essent, jussit sibi servire* ». Tels sont justement les effets ordinaires d'une pareille demande de protection. « Il défendait, ajoute le moine, d'aller couper du bois dans sa forêt à qui ne lui donnait pas deux poulets par an. *Interdixit illis ne ullus infligeret ad incidendam silvam suam, nisi qui sibi daret singulis annis duos pullos.* » Voilà ce comble d'exaction ! voilà ce dont la pensée n'était plus supportée, quand écrit le moine de Muri ! voilà ce qui passe alors pour un témoin de scandale dans le passé ! Pour nous, qui comprenons mieux que lui le sens de l'histoire, nous n'y voyons qu'un fait le plus naturel du monde, selon les idées et les besoins du temps.

Nous voyons la même chose dans ce mot de Beaumanoir : « Les autres sont venus (en servage) parce qu'ils n'ont eu pouvoir d'eux défendre des seigneurs, qui à tort et à force les ont attraits à servitude. »

Dans cet ordre de témoignages, on sait que le plus frappant vient des serfs de Saint-Claude qui, à la fin du XVIIIe siècle, demandèrent leur affranchissement, et dont Voltaire prit la défense. Très exactement ce qu'ils voulaient était de pouvoir hypothéquer, sans le consentement de l'abbaye qui les tenait en vasselage. On sait quel tapage incroyable fut mené à cette occasion et comment le préjugé moderne en cette matière se rattache à cet éclat décisif.

Il reste à dire pourquoi et dans quelle intention la dévotion affranchissait les serfs, pourquoi plusieurs autres formules du temps semblent décrier l'état de servage.

Les chartes d'affranchissement sont pleines de réflexions pieuses et de formules de spiritualité. De bons catholiques en ont pris occasion pour voir dans ces chartes l'effet de la charité; ils ont imaginé que celle-ci faisait un devoir d'affranchir les serfs. Cette supposition ne s'accorde pas avec ce que nous venons de voir.

La vérité est que ces chartes ne mentionnent jamais le fait comme une justice rendue, mais comme un sacrifice consommé. L'une parle du précepte de Jésus-Christ aux chrétiens « de remettre à leurs débiteurs ce qui leur était dû, afin de pouvoir eux-mêmes attendre du souverain Juge la grâce de leurs fautes ». Une autre s'exprime ainsi : « Mû par la crainte des tourments éternels à la fois et par l'amour de Dieu tout-puissant qui a dit : *Solve fasciculos deprimentes et omne onus disrumpe.* » Tout ceci ne contient rien qui ne se pût dire à l'occasion de quelque acte de renoncement que ce soit : louable en soi et à l'égard de celui qui le pratique, non imposé dans son objet et par l'intérêt de celui qui l'éprouve.

Le libéralisme moderne n'a pas moins fait d'état de certaines autres formules. Celle de la charte d'affranchissement de Louis le Hutin est célèbre. « Selon le droit de nature, dit cette charte, chacun doit être franc. » On a vanté là-dedans une anticipation et comme la préface des Droits de l'Homme. Mais une pareille interprétation n'est l'effet que de l'illusion révolutionnaire, qui confère rétrospectivement une importance à ces mots-là. Jamais ceux qui les ont employés n'eurent l'intention d'y mettre ce qu'on croit. Des formules du genre de celle-là se lisent partout : on les trouve jusque dans le code Justinien.

Le mélange de la religion n'y fait rien, et l'on ne sera pas plus avancé pour avoir cité la charte de Charles de Valois en 1311 : « Créature humaine qui est formée à l'image de Dieu doit généralement être franche de droit naturel ; » ou le mot fameux de Beaumanoir : « C'est grands maux quand un chrétien est de serve condition. » Chez ce dernier, c'est le préjugé qui parle ; chez les autres, il s'agit simplement de quelques formules protocolaires, dont il convient d'accompagner l'octroi de la franchise aux serfs. Faisant à ceux-ci ce présent, on y ajoute cette politesse. S'agissant de relever la condition d'un homme, on ne manque pas de lui faire compliment sur sa nature et sur sa religion.

En dépit de tout cela, nous constatons que ce qui demeura longtemps de serfs non affranchis, continua communément d'estimer sa condition.

Il faut avouer qu'elle avait bien changé depuis le Moyen-Age. Les droits de poursuite et de formariage étaient entièrement abolis. L'héritage se rachetait pour un bichet de seigle. Un bénédictin, dom Grappin, dans un mémoire sur la Mainmorte, présenté en 1779 à l'Académie de Besançon, porte au sujet du servage en ce temps-là cet intéressant témoignage :

Pourquoi avons-nous des communautés (c'est-à-dire *communes*) entières qui ont mieux aimé conserver la macule d'origine que d'acheter au prix d'une somme modique la liberté qu'on leur offrait ? C'est qu'elles croient trouver dans le sein de la mainmorte une source de richesse, comme elle en est une de population et d'industrie ; c'est que la défense d'aliéner sans l'agrément du seigneur empêche la dissipation des biens ; c'est qu'ils ont l'exemple des villages affranchis, dont les habitants ne sont plus que les fermiers des fonds qu'autrefois ils possédaient en propre ; de sorte qu'aujourd'hui, dit le président Bouhier, presque tous les habitants des terres sont misérables et les villages beaucoup moins peuplés que quand ils étaient en mainmorte. Qu'on cesse donc de peindre sous les couleurs de la barbarie ou de l'esclavage ce qui dans l'origine fut un trait d'humanité. Cette vertu, suivant Dumoulin, a bien fait des mainmortables, et d'abord il y eut dix mille Français qui, sous François Ier et Henri II, trouvèrent un asile au comté de Bourgogne avec des terres qu'on leur abandonna sous la condition de mainmorte. Les hommes libres se crurent heureux sans doute en devenant propriétaires, malgré la réversion de leurs campagnes en cas de mort sans enfants légitimes.

Voilà ce qu'on pouvait écrire, à la veille de la Révolution, sur ce qui demeurait en France de restes lointains du servage. On voit qu'à travers tant d'années, et jusque dans son effacement, l'institution ne déméritait point. Il n'y a pas de meilleure réponse à faire au scandale voltairien des serfs de Saint-Claude.

Louis XVI abolit en 1779 tout ce qui subsistait en ce genre. Les historiens conservateurs et autres ont faussement dépeint cet événement comme le terme fatal des conquêtes que faisait l'esprit de liberté en marche depuis le XIVe siècle.

Dans un article du plus grand intérêt (1), tout imbu des meilleures doctrines de le Play, dont il est aujourd'hui le disciple le plus exact, M. Delaire oppose à ce point de vue des considérations définitives. La disparition du servage, dit-il, n'a été « ni révolutionnaire par son but », ni « théorique dans son origine » ; elle a été « l'œuvre graduelle du temps ». A mesure que la féodalité remplissait mieux le rôle qu'elle eut de régler un état de désordre, à mesure la prospérité des classes inférieures s'établit. De cette prospérité vint l'émancipation.

(1) *La Méthode d'observation dans les Sciences sociales, Revue des Deux Mondes*, 1er juillet 1879.

« En tout temps, dit M. Delaire, la féodalité s'est constituée surtout pour les besoins des faibles et des petits, qui cherchaient à obtenir en échange de leurs services la protection des puissants et des forts. Tant que ceux-ci eurent des forêts et d'autres sols à défricher, ils eurent intérêt à s'attacher les rejetons des paysans et ne craignirent pas de lier par la coutume l'avenir de leur propre famille aux générations successives de leurs tenanciers. Grâce aux établissements nouveaux, les seigneurs voyaient s'accroître continuement les produits de leurs domaines, et les paysans, garantis contre les éventualités fâcheuses, trouvaient d'amples ressources dans la culture de leur patrimoine ou la jouissance des droits d'usage.

« Cet état de bien-être, dont l'érudition moderne retrouve sans cesse de nouveaux témoignages, s'est partout altéré, dès que le sol disponible a commencé à faire défaut. Les propriétaires, loin de s'autoriser de la tradition pour retenir les jeunes ménages au sol natal, trouvèrent profit à les affranchir, afin de se soustraire aux charges d'assistance que la coutume imposait, et que l'occupation complète du territoire rendait plus onéreuses. Là fut en Occident la cause spontanée de l'émancipation des serfs et de l'élévation graduelle des populations rurales.

« Enfin les redevances en nature, puis en argent, furent substituées à la corvée, le tout racheté sous forme de bail à cens, c'est-à dire de rente perpétuelle.»

Ainsi, la disparition même du servage n'emporte aucun décri de cette institution. C'est qu'en accord d'une part avec les circonstances, elle ne renfermait en outre rien qui ne convînt aux hommes pour qui elle était faite. Loin de choquer en eux rien d'essentiel, jamais aucune peut-être n'eut autant de quoi les rassurer. C'est avec raison que Fustel a pu dire que de tous les régimes la féodalité est celui qui eut ses racines « au plus profond de la nature humaine ».

CHAPITRE VIII

LA QUERELLE DE LA RENAISSANCE. — I. LES ORIGINES : LE SEIZIÈME SIÈCLE.

Je l'ai dit : chaque époque de l'histoire de France apporte sa récrimination particulière. Après César, après Hugues Capet, après Philippe le Bel, voici venir le reproche qu'on fait au seizième siècle et à ses princes, à François Ier, *père des arts et des lettres*, d'avoir causé leur corruption.

Ce reproche est le plus général qu'on ait fait. Il ne met pas seulement en cause une politique, une raison d'État : il se plaint d'une transformation de tout l'esprit national. Car où cet esprit s'exprime-t-il mieux que dans les ouvrages de cet ordre ? Aussi bien, n'omet-on pas de dire que l'effet s'en ressent jusque dans l'exercice de l'autorité publique. On assure que depuis ce temps les rapports du roi et du peuple ont changé, les mêmes idées qui réformaient les lettres ayant corrompu la royauté.

Ce qu'il y a de conservateurs à soutenir ce système, ajoute que de la Renaissance est sortie la Révolution.

Dans son *Ancien Régime*, Taine entreprend de prouver que celle-ci venait de l'esprit classique ; et d'où l'esprit classique vient-il, que de la Renaissance ?

Cette explication a fait des partisans ; pourtant elle est assez particulière pour n'être pas jugée fort dangereuse. L'accusation de paganisme a plus d'apparence. Ce paganisme passe pour ouvrir la voie aux impiétés dont la Révolution a certainement profité ; par là sont condamnés trois siècles de monarchie française, en même temps qu'une égale période de la culture nationale.

La Renaissance des lettres et des arts est l'effet d'une imitation des modèles de l'antiquité, dans laquelle l'Italie avait devancé l'Europe. Elle passa de ce pays par contagion en France, et chez toutes les autres nations.

Par cette imitation fut substituée, dit-on, d'une part aux mœurs traditionnelles et françaises, celles de la Grèce et de Rome ; d'autre part, au sentiment, à l'imagination catholique et chrétienne, le sentiment et l'imagination païenne. De ces deux points sort une double revendication. On se plaint de la Renaissance au nom de la nation offensée ; on s'en plaint au nom de la religion trahie.

L'effet de ces deux réclamations unies est de mettre les catholiques de France au premier rang de l'attaque contre la Renaissance. Attaque redoutable, dans laquelle le zèle religieux se voit renforcé par le sentiment national. L'un avec l'autre ne saurait inspirer que des haines extrêmement vives et une horreur violente pour une cause, qu'il importe cependant de défendre. Remarquez que cette opposition s'alimente à des sources nécessairement relevées dans l'ordre de l'esprit. L'autorité la plus considérable que les catholiques français reconnaissent en ce genre, c'est l'École des Chartes, a pesé de tout son poids contre la Renaissance. Les plus catholiques de cette école se sont employés contre elle de toutes leurs forces. M. Sepet, M. Lecoy de la Marche, surtout M. Léon Gautier, se sont rendus célèbres par là.

Ils se rattachent à l'école plus ancienne qui fleurit vers 1830 à l'ombre du catholicisme romantique, autour des Gerbet et des Montalembert, d'où sortaient contre l'école classique de véritables anathèmes, comme l'opuscule de Didron aîné sur le *Paganisme dans l'Art chrétien*. La Renaissance renégate et païenne, la Renaissance immorale, la Renaissance blasphématoire et diabolique, tel est le thème éternel de cette sorte d'ouvrages-là.

Il faut regarder l'effet de cette dénonciation. C'est trois siècles de notre histoire déconsidérés dans leur essence, trois siècles d'histoire déshonorés. Je dis déshonorés sans exception, car on ne voit au cours de ces siècles personne tenir une voie particulière, qui le rende innocent de ce reproche. Les écrivains sacrés, des prêtres, des docteurs, sont entraînés dans l'anathème.

Bossuet y roule avec Fénelon et Pascal. En second lieu, c'est la Révolution rendue inévitable depuis trois cents ans, bénéficiant de l'autorité et du prestige que donnent trois cents ans de la plus brillante culture française. Le tort fait par ces deux articles à la cause conservatrice, à la restauration nationale, n'a pas besoin d'être expliqué. Il est du genre de celui dont j'ai parlé dans quelques chapitres précédents.

Ce que je vois ici de particulier, c'est le pernicieux décri dans lequel on fait tomber la période du plus magnifique essor qu'ait connu l'intelligence française. Par l'effet de cette dénonciation, des sujets de gloire immortels, d'incomparables causes d'enthousiasme et d'orgueil national, sont rejetées. Racine, Bossuet, Descartes, Philibert Delorme, Jean Goujon, Poussin, ne sont plus, dans la logique de ce système, que de médiocres exemples d'effort trahi et de talents souillés. Ils ne sont pas de la vraie lignée française ; l'esprit national ne s'exprime pas en eux. Quelques auteurs n'ont pas craint de mettre en avant, parlant des arts aux siècles antérieurs, le nom d'*art national*, afin de les en exclure. Ils n'ont pas réfléchi au chagrin qui se ressent, chez tout Français sensible à cet ordre de choses, à voir renier au nom de la vraie France ces grands ouvrages et ces grands noms.

Ceux qui seraient tentés de fermer les yeux là-dessus devront en vérifier le danger de deux manières : en premier lieu par les alliances où cette attitude les engage, en second lieu par l'effet ressenti du côté des troupes catholiques. Tout ce que le siècle a compté de révolutionnaires depuis la période romantique, tous les ennemis de la tradition française, les ont soutenus dans ce combat. Aujourd'hui la Sorbonne huguenote et libérale n'a pas d'objet plus cher de ses critiques que la Renaissance française. C'est un fait facile à vérifier. Du côté des amis, c'est la désaffection, c'est les sources d'enthousiasme taries, c'est la confiance ôtée par cette habitude prise de se considérer comme trahi sous le couvert des plus éclatantes enseignes de la religion et de la patrie. Si le siècle de Louis XIV et de Bossuet est maudit, quel découragement devant l'avenir, quelle confusion dans le passé !

Voilà pourquoi, devant l'affirmation du système que je viens de dire, il convient d'examiner les faits.

Et d'abord, convenons qu'une rupture du genre de celle qu'on nous dépeint, source d'une dissidence absolue entre l'esprit de la Renaissance et l'esprit traditionnel français, serait difficile à justifier. Car, dans un âge si avancé de l'histoire, après dix siècles de vie nationale distincte, comment admettre un tel recommencement ? Bon pour le latinisme apporté par César aux origines de cette histoire même. Il ne rencontrait alors rien d'organisé ; et ce que reçut en ce genre la Gaule de la conquête, n'avait à supplanter rien qu'on puisse définir. Il n'en était pas de même au quinzième siècle.

Alors on ne peut nier qu'un art, qu'une littérature, que des traditions nationales, fussent nés ; que, de notoriété publique, toutes ces choses ne fussent parvenues en un point avancé de leur développement. S'il était vrai que le mouvement de la Renaissance les eût contrariées et rompues, je sais bien ce qu'il y aurait à faire, mais le tableau d'un antagonisme des deux esprits au moins serait vrai.

Le devoir des Français serait de s'efforcer de réconcilier dans le passé des sources rivales amalgamées en eux. Il faudrait éviter les attaques passionnées, dont l'effet est de semer la discorde sur un point où elle est mortelle, de mettre la guerre au sein même de notre être, de dissoudre par cet antagonisme les réalités nationales. Mais ce qu'on éviterait de remarquer, ce dont on n'aimerait à convenir que dans le cabinet paisible et retiré de la science, n'en serait pas moins une vérité. Vérité digne d'étude comme toute vérité, capable de rendre d'un point de vue supérieur et dans les régions de l'histoire pure, les services qu'on n'en peut tirer pour la santé de la patrie. Mais il en est ici comme en plusieurs rencontres. La querelle qu'on fait à la Renaissance ne compromet pas seulement le salut du pays ; elle répand en outre, quant à l'histoire des peuples et au train de la culture humaine, des idées fausses et détestables. Ce qu'elle sème n'est pas seulement du dommage, c'est l'erreur.

Il ne s'agit donc pas pour nous, à défaut d'unité de notre histoire, d'en raccommoder les parties, mais de montrer dans ces dissidences prétendues les traits de l'unité véritable, d'en tirer du même coup l'honneur de notre pays et la leçon du genre humain.

Deux mots suffiront à régler ce qui regarde la politique. Tout ce qu'on a dit de la hauteur nouvelle alors des façons de cour, tout ce qu'on a conclu de la couronne impériale jointe aux devises de François Ier, des comparaisons faites de lui avec Alexandre et César, appartient au domaine de la fantaisie pure. Pour ces comparaisons, elles sont de tous les temps, et notre roi Philippe II déjà s'était nommé Auguste du nom d'un empereur romain. La couronne impériale n'a jamais signifié un retour de l'autorité aux traditions de l'empire Romain, mais le souvenir des compétitions du roi de France et de Charles-Quint. Celui d'Angleterre par bravade avait pris aussi cette couronne. Elle n'en marquait de sa part pas davantage.

On parle aussi du crédit que prit alors la politique de Machiavel. Mais on en parle sans bien savoir ce qu'était Machiavel, ni ce qu'était cette politique. Ce n'est pas ici le lieu d'analyser le livre du *Prince*, et de fournir ce qui se doit pour sa défense. Qu'il suffise de remarquer qu'avant comme depuis, pour les princes d'avant la Renaissance comme pour ceux qui vécurent ensuite et de tout temps, la politique fut la science des résultats. Il y a une politique qu'on peut appeler basse, et une qu'on peut appeler noble et généreuse ; il n'en est pas qu'on puisse appeler *désintéressée;* de sorte que reprocher à ce temps d'avoir vu naître le calcul et le profit politique, c'est ne lui rien reprocher du tout.

Tous ces points-là seront plus ou moins traités dans les divers chapitres de ce livre. Je me bornerai dans celui-ci aux faits de l'ordre intellectuel, principal objet de la Renaissance. objet de grande importance dans le siècle où nous vivons.

L'illusion courante au sujet de la Renaissance est nourrie du contraste que fait (pour prendre deux exemples décidés) Ronsard avec la Chanson de Roland : Ronsard et le sacrifice du bouc à Bacchus fait en honneur de son ami Jodelle, rapporté dans tous les manuels de classe. On oppose les fables antiques aux histoires de nos héros nationaux. On met la sainte Vierge et les anges en contraste avec Vénus et Jupiter. Notre idée des lettres au Moyen-Age est tout empreinte de celles que laisse la lecture ou du moins (car combien l'ont lue ?) l'analyse de la Chanson de Roland.

Ce poème a servi partout de type et de matière à ces revendications. Ce que M. Gautier nomme épopées françaises, et dont ce poème est l'exemple le plus connu, a porté tout le poids de la bataille. C'est contre celles-ci que M. Brunetière, dans un article recueilli depuis aux *Etudes critiques sur l'Histoire de la Littérature* (t. I), a mené la revanche des classiques.

Cette querelle de M. Brunetière avec l'École des Chartes n'a pas abouti. Elle l'eût pu cependant, s'il en eût appelé à l'histoire. Mon intention justement n'est pas de juger le mérite de ce poème ici, mais de marquer la mesure dans laquelle on a le droit d'y chercher le type et le modèle de la littérature du Moyen-Age. Cette mesure obtenue suffit à mon dessein ; d'autres en tireront peut-être des avertissements pour l'examen littéraire du poème.

Dans la mesure où nous pouvons le savoir, il n'y eut pas au Moyen-Age même d'ouvrage plus ignoré que la Chanson de Roland. La découverte en est toute aux modernes; personne ne l'avait *lue* avant le dix-neuvième siècle.

M. Petit de Julleville, dans sa préface de ce poème, s'avise de railler le dix-huitième, en remarquant que, si l'on eût demandé à Voltaire ce que c'était que la Chanson de Roland, cet écrivain, le plus cultivé de son siècle, eût répondu quelque sottise, faute d'avoir jamais ouï parler de cela.

M. Petit de Julleville est loin de soupçonner que le cas eût été le même, si on eût interrogé Jean de Meung ou Nicolas Oresme, Froissart ou Brunet

Latin. Pas plus que Louis XIV, Charles V, surnommé cependant le Sage, c'est-à-dire l'ami des livres, ne connaissait la Chanson de Roland. Un professeur de rhétorique, M. Levrault, dont ce trait ne doit pas diminuer la juste estime, proposant dans un livre d'auteurs français un sujet de composition aux écoliers, leur représente Dunois lors du siège d'Orléans se faisant chanter dans un château de Touraine la Chanson de Roland par le jongleur. Ce trait exprime l'erreur qui règne dans nos classes.

Il n'y avait plus de jongleurs au temps de Dunois; y en eût-il eu, que jamais Dunois ne leur eût demandé un poème dont il ignorait l'existence.

Durant quatre siècles, pas un auteur n'a écrit le nom de ce poème, n'a témoigné qu'il soupçonnât son existence. On n'en trouve de mention ni chez les chroniqueurs, ni chez les poètes, ni chez les orateurs, ni chez les auteurs latins, ni dans les romans, ni nulle part. Depuis la fin du treizième siècle, qu'on se mit à former des bibliothèques, la Chanson de Roland ne figure sur aucun inventaire de celles-ci. Au Louvre, la tour de la Librairie n'avait pas une copie de la Chanson de Roland. Elle n'est pas moins absente de chez le duc de Berry qu'elle ne le fut de chez le duc de Lavallière. Bibliophiles, érudits, l'ignorent autant que l'unanimité des écrivains. Aussi n'a-t-on de la Chanson de Roland pas un seul manuscrit d'amateur. Jamais on ne la copia avec soin et dépense, jamais on n'en fit une édition. Elle est demeurée toujours à l'état que représente un manuscrit au temps des livres imprimés. Nous en avons le texte sur un livret de poche, que le jongleur récitait.

Mieux encore, en cette humble sorte on ne possède le texte qu'une fois. Toutes les copies sont des remaniements, preuve que ce texte ne jouissait d'aucun renom, n'avait aucune autorité, disparaissait noyé dans la masse indistincte des ouvrages composés sur le même sujet. Nous disons *la* Chanson de Roland ; aux yeux des gens qui connurent quelque sorte de poème sur ce héros, ce que nous appelons de ce nom n'a jamais représenté un ouvrage distingué du reste, et signalé à l'attention publique. Pour eux, il y avait un Roland, on en redisait les aventures ; jamais il n'y eut une Chanson de Roland. Roland appartenait au folk-lore, nullement à la littérature.

Je vais dire maintenant ce qui a fait naître notre illusion à cet égard.

Dans son édition des *Contes de Cantorbéry* de Chaucer parue en 1775, Tyrwhitt fit le premier, à propos de littérature, une mention de la Chanson de Roland. Il la citait d'après Ducange, lequel en parle dans son *Glossaire.* A l'article Roland, il relève quatre mentions du « poème de Roncevaux ». Deux de ces mentions sont de copistes tardifs ; deux sont anciennes. L'une de ces deux dernières est de Guillaume de Malmesbury, l'autre de Wace le trouvère. On connaît les vers de ce dernier :

> Taillefer, qui mout bien cantait,
> Sur un cheval qui tôt allait
> Devant le duc allait cantant
> De Charlemagne et de Roland
> Et d'Olivier et des vassals
> Qui moururent en Renchevals.

Il s'agit du duc de Normandie, dont le poète raconte en cet endroit la victoire à Hastings.

Il est remarquable que la prose de Guillaume de Malmesbury rapporte le même fait dans la même circonstance, et à peu près dans les mêmes termes. On ne peut donc douter que l'un ait copié l'autre, ou que tous deux suivent une source commune. A l'égard de l'autorité, il convient donc de compter ces deux textes pour un seul.

Ainsi on ne trouve de la Chanson de Roland que cette seule mention en cinq siècles. Seulement il est arrivé que cette mention a multiplié chez les auteurs. Les imitations et les copies en portent déjà le nombre à quatre dans Ducange. Ducange puis Tyrwhitt en parlant à leur tour, accrurent l'importance du fait. Comme on la vit rapporter autant de fois à titre de chanson guerrière, chantée devant l'ennemi à la bataille d'Hastings, on s'habitua à dire que les Français de jadis avaient chanté ce poème en allant au combat.

M. de Tressan dans sa *Bibliothèque des Romans*,

Paulmy d'Argenson dans ses *Mélanges tirés d'une grande Bibliothèque*, s'occupèrent, d'après Ducange, de la Chanson de Roland. Tressan imagina, sur ce seul nom, de la refaire dans le genre de ce qu'elle devait, selon lui, avoir été.

On ne saura jamais à quel point toutes les idées que nous professons sur le Moyen-Age viennent de cette fin du siècle de Voltaire. Le style troubadour en est né, et nos idées ne sont qu'une transformation de celles qui ont inspiré ce style. L'Arsenal était alors le lieu où s'élaborait ce mouvement. La bibliothèque de Paulmy d'Argenson en était la source authentique. De là vint le *petit Jean de Saintré* ; de là sortit aussi l'ouvrage de Legrand d'Aussy sur la *Vie privée des Français*. D'autres demi-savants, dont les noms sont cités aux collections d'antiquités de la Révolution et de l'Empire, continuèrent ces recherches sans méthode et sans goût. De ces recherches et des illusions qu'elles créaient, allait paraître nourri le *Génie du Christianisme*.

Roquefort, auteur d'un *Mémoire sur la Poésie française au XIIe et au XIIIe siècle*, rapporte dans cet ouvrage que, le matin de la bataille de Poitiers, Jean le Bon entendit chanter la Chanson de Roland par les soldats. Le roi se plaignit là-dessus qu'il n'y avait plus de Rolands ; on osa lui répondre que cela venait de ce qu'il n'y avait plus de Charlemagnes.

Roquefort cite son autorité. C'est l'*Historia Scotorum*, de Boethius, parue en 1574. Mais il est de fait que

Boethius, confronté en cet endroit (livre xv, p. 327), ne parle en effet pas de la Chanson de Roland. Il n'en dit mot, et le dialogue qu'on lui emprunte est mis par cet auteur non sur un champ de bataille, mais à Paris, dans le conseil du roi. « *Cum Parisios venisset*, dit-il, *vocato senatu.* » Et le propos de Jean le Bon n'est pas de Roland seul ; il dit : « des Rolands et des Gauvains. *Rolandos aut Gavinos.* »

L'histoire de la Chanson de Roland chantée sur le champ de bataille de Poitiers n'en fut pas moins, d'après Roquefort qui l'invente, rapportée par Chateaubriand dans ses *Études historiques.* Ainsi, non autrement, s'acheva la légende de la Chanson de Roland, poème national, « entonnée », disait M. Gautier, par les Français sur tous les champs de bataille. Au fond de cette légende, qu'y a-t-il ? un texte, un seul. La seule mention de Taillefer, qui chanta Roland devant l'armée des Français à la bataille d'Hastings, a fait cette magnifique fortune.

Remarquez maintenant qu'on ne sait pas même de quoi ce texte fait mention. Chanter Charlemagne, Roland et Olivier, ne signifie pas nécessairement chanter sur ces héros divers un poème de longue haleine, ou des parties d'un tel poème, il ne signifie nécessairement rien de pareil à ce que nous appelons la Chanson de Roland. Dans cette incertitude, une chose est certaine, c'est que le Roland que nous recommandons n'est pas celui dont on nous parle ici, parce que le Roland que nous recommandons est moins ancien que la bataille d'Hastings. Ainsi la seule mention qui puisse être présumée d'un poème de Roland durant tout le Moyen-Age, ne regarde pas celui que nous possédons. Telles sont les lettres de noblesse historique, tel le débit, tel le renom, de ce qu'on a appelé l' « Iliade de la France ».

Ce poème ne porte pas de nom dans le manuscrit. Guillaume de Malmesbury appelle le chant de Taillefer *cantilena Rolandi*. Ducange en conséquence l'a prise pour une ode. De ce nom, qui désigne une chose que nous ne connaissons pas, nous nous sommes servis pour en nommer une autre qu'il ne désigne certainement pas. Et c'est là notre *chanson* de Roland.

Voici la conclusion de cette longue explication. La gloire que nous attribuons au poème durant le Moyen-Âge est une illusion, et ce poème n'est pas ce que désigne la mention qui l'a rendu célèbre. De ces deux points il suit que le poème dans son texte n'est désigné par rien à l'attention *de l'histoire* : beaucoup d'autres existant sur le même sujet, qui méritent tout autant le nom de chanson de Roland, et qu'on eût pu prendre à sa place comme sujet de la même renommée. On a pris celui d'Oxford parce qu'il est le plus ancien, ce qui n'est une raison que faute de mieux.

Qu'on n'objecte pas que ce sont là des vétilles. Ces vétilles découvrent de grandes erreurs. Pour se faire une idée de l'esprit au Moyen-Age et de la condition littéraire du temps, il a plu aux modernes de fouiller les bibliothèques au hasard et de donner arbitrairement le pas à ce qui prend justement date avant l'époque de la culture littéraire, à ce qui ne fut jamais *lu*, mais seulement *écouté*, et qui tomba bientôt dans le plus profond oubli. Tel est le Roland, tel est tout le cycle de Charlemagne, tel est *Aucassin et Nicolette*. Là-dessus on va répétant que la Renaissance est la cause de cet oubli-là.

La Renaissance peut-être, mais non celle qu'on prétend ; la cause de cet oubli est la renaissance du douzième siècle, dont le règne de Louis VII marque l'époque : époque où pour la première fois écrivirent en langue romane des gens qui savaient le latin. L'auteur du Roland ne savait pas cette langue. Avec Chrétien de Troyes et Benoît de Sainte-Maure commence l'histoire de la *littérature*. Ils s'adressent à des gens instruits, sont instruits eux-mêmes, tirent leur matière des livres. Par leurs soins, Geoffroy de Monmouth et Guillaume de Malmesbury, auteurs latins, inspirent le cycle d'Arthur et les poèmes de la Table ronde ; Dyctis de Crète et Darès, le faux Callisthène, autres auteurs latins, inspirent : les deux premiers, le roman de Troie, le troisième les poèmes d'Alexandre le Grand.

Voilà le début de la littérature française au Moyen-Age. Ce que valent ces ouvrages n'est pas ici l'affaire. Ils eurent la célébrité, la vogue, le retentissement lointain. Éléonore de Poitiers, la comtesse de Champagne sa fille, femmes instruites ou qui prétendaient l'être, les patronnaient à leur naissance ; leur suffrage l'imposait à une cour. Tout l'appareil, toute la mise en train de l'heureux succès et de l'influence d'un livre, choses dont le préjugé romantique fait peu de cas, mais qui n'en sont pas moins nécessaires dans le monde, se rencontrent pour ces auteurs-là. Du Roland ni du reste plus de question alors. Ils ont vécu un jour et péri tout entiers, avec la génération de seigneurs qui, sans autre souci que le plaisir d'un moment, les écoutèrent de la bouche des jongleurs, dans la salle de leur château.

Cette génération vivait plongée dans l'ignorance : il n'y avait encore de lettres que chez les clercs. Les jongleurs étaient à la mesure des laïcs. Cette profession était si vile, que quelques-uns allaient jusqu'au saltimbanque : on en voit qui font le saut périlleux. Dans *les Deux Trouvères rivaux*, voici comment l'auteur fait parler l'un d'eux :

> Je soigne les chats et je ventouse les bœufs, je fais des freins pour les vaches et des coiffes pour les chèvres, je fais des gants pour les chiens et des hauberts pour les lièvres, etc.

Leurs mœurs n'étaient pas quelque chose de mieux. Parlant de ceux qui chantent la geste, Thomas de Colham, à la fin du treizième siècle, écrit : « *Possunt sustineri tales* : on peut tolérer ces jongleurs-là. »

Un peu plus tard, le pape Boniface VIII est obligé de condamner ceux qui chantaient l'Évangile « *secundum marcas argenti*, selon les marcs d'argent ».

Tel fut ce qu'on doit appeler l'époque *prélittéraire* de la langue française. Mais quant à celle de vraie littérature, de celle qui (avec la latine dont le cours se poursuivait) fut réellement celle du Moyen-Age, je le demande, qu'en a renié la Renaissance du seizième siècle? Rien du tout. Le souvenir de toutes ces choses a continué au contraire à vivre au seizième siècle et dans ceux qui suivirent. Ce que le temps avait fait oublier peu à peu n'avait garde, il est vrai, de revivre; ce qui avait la vogue la conserva.

Tout ce qui se trouvait dans les bibliothèques, copié en belle gothique, orné d'enluminures, tout ce qui jouissait du renom que cette parure comporte, fut *imprimé* par la Renaissance. La première besogne des Aldes et des Estiennes ne fut (outre les auteurs anciens) que d'imprimer les auteurs en renom chez les dernières générations : tant on fut loin de les mépriser, quoique souvent assez méprisables.

Il plaît aux modernes d'ignorer que le livre le plus choyé du Moyen-Age ne fut aucune chanson de geste, mais bien le fameux Roman de la Rose. Or la Renaissance l'imprima, le commenta, l'imita. Marot faisait le plus grand cas de ce poème, ce qui, si l'on considère la partie écrite par Jean de Meung au quatorzième siècle, ne paraîtra pas immérité. Il n'y a pas aujourd'hui d'édition du Roman de la Rose dans le commerce : il y en avait une au temps de Louis XV. Mieux encore, la Renaissance alla rechercher plusieurs des livres disparus de la mémoire des hommes. Blaise de Vigenère retrouva le manuscrit de Villehardouin et l'imprima, en 1601.

Voilà pour le dédain que professa la Renaissance à l'égard de ce qui la précéda. Quant à la séduction des lettres païennes, qui rompit à ce qu'on dit la tradition chez elle, il y avait longtemps que cette séduction se faisait sentir et grandissait.

Dès la Renaissance du douzième siècle, sous Louis VII, Chrétien de Troyes traduisit Ovide. Au point de vue moral et chrétien, cet auteur ne passe pas pour le meilleur de tous ; on voit que la liberté de mœurs à cet égard n'a pas attendu le seizième siècle. Elle est aussi ancienne que la littérature ; le Roman de la Rose est tout païen. Les contemporains s'en plaignirent : Gerson prêche contre cet ouvrage dans son 3e et 4e dimanche de l'Avent ; Christine de Pisan en parle comme d'un livre de perdition ; il n'en date pas moins du treizième siècle, et la première partie de ce roman est un ouvrage du temps de saint Louis.

Le grand nombre de livres frivoles et amoureux est un des traits frappants d'alors. On ne trouve dans les bibliothèques que *papiers d'amour*, *demandes et réponses d'amour*, *jugements d'amour en rimes*. Un chanoine, Jean de Saffres, en 1365, ne possède dans la sienne (1) pour ainsi dire que des romans.

Païens ou non, on sait aussi que les fabliaux et la plupart des farces débordaient d'obscénités dégoûtantes. Cette licence excessive n'avait pas attendu l'exemple de quelques-uns des anciens pour paraître.

Pour la culture antique en général, elle était aussi ancienne que la France. Notre langue est latine, et celle que parlèrent les Romains continuait d'être cultivée avec honneur dans les écoles. Il est vrai que cette culture ne représente pendant quelque temps qu'une sorte de servage intellectuel nourri de traditions seulement, sans retour sur les origines. Mais le temps vint où la recherche des modèles commença, où de nouveau on s'appliqua aux sources d'un art suivi jusque-là par routine.

Ce souci se déclare dans le quatorzième siècle. Il n'est que juste de faire remonter à cette époque les origines de la Renaissance. Qui en voudra connaître les signes n'aura qu'à lire le catalogue de la *librairie* de Charles V.

On y trouve le *Timée* de Platon, le *De cœlo et mundo* d'Aristote traduit par Nicolas Oresme, les *Ethiques* en six exemplaires, un livre des *Secrets d'Aristote et de Girard d'Amiens*, Sénèque, un Boèce *de consolation*, Macrobe, le *Songe de Scipion*, un Végèce *de la Chevalerie* en dix exemplaires, un

(1) Inventaire dans le *Bulletin du Bibliophile*, 3e série, p. 473.

« Livre qui traite des faits de Jules César appelé Suétone », une *Conjuration de Catilina*, deux exemplaires de César, un Priscien, Donat et *Catonnet*.

Dans celle du duc de Berri, on trouve : trois exemplaires de Valère Maxime, un Josèphe, Tite-Live en quatre exemplaires, Térence en deux, les *Bucoliques* de Virgile, les *Métamorphoses* d'Ovide en quatre exemplaires, l'*Art d'aimer* du même, deux exemplaires de Lucain.

Il est donc contraire aux faits de dire qu'en remettant la culture antique en honneur, la Renaissance du seizième siècle tourna le dos au Moyen-Age. Au contraire, elle ne faisait que poursuivre, achever et parfaire ce que les siècles du Moyen-Age avaient souhaité et préparé. Il n'y a de nouveauté que dans l'éclat enfin atteint des résultats. Les intentions demeurent dans la ligne du passé et dans le sens de la tradition. Ce sont là des évidences telles qu'on ne les eût jamais méconnues, si le soin d'en écrire l'histoire n'avait été trop souvent remis à des érudits sans jugement, et dépourvus de toute autre connaissance. On ne songerait pas à leur reprocher cela, à ramasser les preuves de leur culture bornée, si les premiers ils n'avaient prétendu légiférer à cet égard, donner des leçons de goût et renverser les rangs de mérite des siècles et des auteurs. Un érudit, M. Boucherie, cité par M. Langlois dans sa *Société française au XIIIe siècle*, veut faire l'éloge d'un roman fort plat de ce temps-là, qu'il a le premier publié. « C'est, dit-il, le *Paul et Virginie* d'alors. » *Paul et Virginie* à ses yeux est le chef-d'œuvre des romans du dix-huitième siècle. Il ignore Prévost et Marivaux.

Ne nous flattons point sur la littérature. Elle est volontiers licencieuse. Ce qu'on relève de traits en ce genre à la Renaissance, ne doit pas nous faire plus mal juger celle-ci que le Moyen-Age ou toute autre époque, aucune n'en étant exempte. La frivolité aussi est de tout temps ; elle seule fait l'attrait de la lecture pour le plus grand nombre des hommes. Tout cela n'entame pas le bon renom du Moyen-Age en ce qui concerne la foi religieuse; tout cela ne doit pas plus nous faire accuser de paganisme la Renaissance. Contemporaine des guerres de religion, comment ose-t-on prétendre que le zèle à cet égard fût diminué par la Renaissance? Jamais on ne se battit tant pour la foi. Et quant aux poètes, comment oublier l'ardeur avec laquelle Ronsard combattit les protestants ? Le sacrifice du bouc à Bacchus n'est qu'une plaisanterie ; maint trait mythologique n'est qu'une convention. Rien dans les lettres de cette époque ne montre un reniement soit de la religion, soit de la France, dont il ne fallût aussi bien accuser les siècles qui précédent. C'est ce que nous nous garderons bien de faire.

A la Renaissance comme au Moyen-Age, rien ne doit paraître plus légitime que l'émulation de l'antiquité.

Seuls songeront à s'en plaindre ceux qui n'ont à la bouche, pour juger les ouvrages d'esprit, que les mots de sincérité et d'originalité, ignorant que ces ouvrages sont fils de l'art et de la composition autant que de l'imitation d'autrui. Je ne passerai pas ici sur ce terrain. C'est celui de l'erreur romantique, à laquelle il est sûr que tient la dénonciation de la Renaissance. On reproche à celle-ci le respect de certaines règles et le recours à l'imitation. On oppose à ces traits le retour à la nature et l'autonomie intellectuelle des races : ce sont les principes de l'anarchie en tout genre. Ce qu'il suffira de remarquer, c'est qu'on se trompe de croire que le Moyen-Age fut possédé de ces principes-là. L'école romantique a pensé faire de lui son allié dans cette querelle. Il est tout entier de l'autre côté.

Il est vrai qu'on oppose l'histoire des différents arts du dessin, en particulier de l'architecture. Mais cela encore est à examiner.

En tenant le XIIIe siècle pour l'apogée de ces arts et pour l'âge d'or du Moyen-Age, en ne voulant plus connaître ensuite qu'un affaiblissement progressif des talents et l'épuisement de la force créatrice des siècles, il est sûr que nous ne laissons de sens à l'essor de la Renaissance que celui d'un recommencement, parti du point de néant où aboutit l'évolution descendante qui précède. De cette opinion sont nées les folles réponses dont quelques-uns ont appuyé une apologie de la Renaissance : assurant que, l'art du Moyen-Age ayant alors fini son temps, il fallait bien songer à le remplacer.

Mais ces épuisements d'arts ne sont qu'un mot : personne n'ayant jamais pu dire jusqu'à quel point des formes et des principes admis sont capables de transformation et de durée. Ceux dont on parle furent abandonnés ; on remplaça les motifs gothiques, l' « ordre gothique », dit Labruyère, par les ordres romains et les motifs du même genre ; quant à prétendre que ce qu'on quittait pour eux n'offrait plus de ressource aux artistes, et que les principes du Moyen-Age avaient donné tout ce qu'ils contenaient, c'est encore une de ces formules inventées pour dispenser les hommes de la recherche des causes véritables.

Il est facile de voir que cette raison ne fut pour rien dans les préférences des artistes, et que tout vint du prestige triomphant des modèles de l'antiquité. Rien n'est plus aisé que d'aligner des périodes sur la décadence de l'art au XIVe et au XVe siècle ; il est plus difficile d'en marquer les effets. Ces idées, que Viollet-le-Duc fut le premier à répandre et qui n'ont d'appui que son nom, ont bénéficié du crédit que prenait celle de l'évolution animale des États, des sociétés et des arts. Ne fallait-il pas bien que l'art gothique fût une plante, qu'elle grandît, s'épanouît et mourût ?

Seulement c'est un fait que rien n'égale la vigueur de cette plante dans son prétendu déclin. La peinture gothique ne fleurit qu'à partir du XIVe siècle ; la sculpture atteint au XVe un degré de mérite qu'on ne lui voit pas avant ; il en est de même de l'ornement. Reste le système d'architecture, et la question si l'arc d'ogive, considéré dans son tracé a gagné ou perdu au cours de ces trois siècles. On a élevé là-dessus de grands débats, et allégué des principes si généraux, que l'application en paraît la plus arbitraire du monde. La ligne horizontale doit-elle l'emporter sur la verticale, les pleins domineront-ils les vides ou les vides domineront-ils les pleins ?

Ces questions sont ici d'autant plus vaines que, contrairement à celle des anciens, l'architecture du Moyen-Âge se présente à nous comme affranchie de toute règle qui ne se confondrait pas avec les exigences de la construction. Elle ne connaît pas de canon des proportions, ni aucune de ces règles rigoureuses auxquelles s'assujettissent les ordres, sans autre objet que de plaire aux yeux. Selon ce principe, sur quoi s'appuierait-on pour préférer une époque à l'autre, je dis du point de vue de l'essentiel des formes ? Elles sont réglées par la construction, laquelle ne cessa jamais durant trois siècles, soit de maintenir, soit d'augmenter ses ressources. A ce point de vue donc, tout ce qui se pourrait, serait de regarder le dernier comme le meilleur. Quant à l'exécution, cela n'est pas contestable.

Courajod, dont il ne s'agit pas d'accepter toutes les conclusions, a bien connu que l'histoire de la sculpture tournait le dos à la décadence imaginée par Viollet-le-Duc. Afin de n'en suivre pas moins les idées de celui-ci, cet auteur a inventé de ne connaître de progrès que dans le sens du *naturalisme* ; et de maintenir au XIIIe siècle le prix de l'*idéalisme*. Ce sont là de pompeuses sornettes et le recours scolastique d'un homme qui, craignant de toucher à l'idole, n'en avait pas moins des yeux pour voir.

Ainsi la veille de la Renaissance fait voir les artistes gothiques plus habiles, mieux exercés, plus ouverts, plus en possession de leur art que jamais. Dans ces conditions il est difficile de regarder celle-ci soit comme le recours d'une école tombée dans l'épuisement, soit comme le reniement d'une génération aveuglée sur les principes de l'art. Il faut la prendre pour ce qu'elle est, pour le terme d'un progrès naturel, qui faisait reconnaître dans l'antiquité un modèle supérieur à tout le reste, et ralliait de ce côté les suffrages.

Cette supériorité n'emporte nul discrédit de l'art du Moyen-Age dans son ensemble. La renaissance qui se produisit ne fut accompagnée d'aucun reniement, d'aucun anathème.

Cela est évident en ce qui regarde soit la peinture, soit la sculpture. Vasari, Van Mander dans leurs livres des Peintres, ont fait l'éloge des gothiques, du même air qu'ils présentaient celui de leurs contemporains. Les architectes se flattèrent d'avoir retrouvé la bonne méthode de bâtir ; on ne les voit pas mépriser cependant les anciens édifices gothiques. Dans ses *plus Excellents Bâtiments de France*, Ducerceau grave et décrit avec éloge les châteaux de Vincennes et de Coucy. Ces architectes n'entreprirent jamais contre les anciens maçons l'œuvre de diffamation et d'injures que l'école romantique, par exemple, mena contre l'architecture classique, et dont on trouve les éclats dans la *Notre-Dame de Paris*.

N'oublions pas que le contact de l'antique n'avait jamais cessé durant tout le Moyen-Age. L'architecture de ces temps-là, soit romane, soit gothique, a ses origines dans la latine. Courajod veut que la byzantine ait joué ce rôle. M. Brutails l'a réfuté là-dessus (1). Prise dans le point de vue historique, elle en est une transformation. A mainte reprise avant le quatorzième, on la voit, dans certains ornements, dans certaines figures sculptées, rappelée à ses origines. L'imitation étroite de l'antique se décèle dans ces parties. Depuis le quatorzième siècle ces tentatives s'ordonnent, et forment en Italie une école continue. Les autres contrées, plus soumises à cet égard à l'influence de la peinture flamande, s'avancent par des voies différentes.

Toutes arrivent au même point, où la perfection de l'art, autant que le développement de l'esprit, de-

(1) *L'Archéologie du Moyen-Age et ses méthodes.*

vait rallier le plus naturellement du monde les artistes à la discipline classique. Ce ralliement eut lieu sans fracas, du consentement universel. Personne ne s'en plaignit. L'idée de révolution, dont les modernes sont prévenus à cet égard, n'entra dans l'esprit de pas un contemporain.

L'antique parut meilleur et plus parfait. On se sentait capable de le suivre avec succès. On l'imita, on l'étudia, on le développa. Ce fut la renaissance des perfections défuntes, une floraison de ces perfections accompagnée de fruits nouveaux. Ce ne fut ni une révolution ni un saccage, mais l'aboutissement d'un progrès, l'accomplissement d'un vœu tacite ancien, une transformation légitime.

CHAPITRE IX

LA QUERELLE DE LA RENAISSANCE. — II. LES SUITES : LE DIX-SEPTIÈME SIÈCLE ET LE DIX-HUITIÈME.

Nous avons vu qu'on reproche au seizième siècle d'avoir adopté le paganisme. Il serait difficile de répéter ce reproche, quand il s'agit du dix-septième. Les sentiments de religion, la fidélité à l'Église, éclatent dans ce siècle-là. Cependant à son endroit même on ne voit pas la critique désarmer. Les éléments confus dont est faite la détestation de la Renaissance, continuent de protester contre l'esprit de ce siècle.

Dans l'embarras d'arguer d'une impiété réelle, on assure que l'imagination au moins de ces catholiques était païenne. On accuse ce grand siècle français d'avoir ignoré ou méprisé nos origines. On ajoute enfin que l'esprit d'imitation a jeté l'époque dans un faux goût, qu'il était réservé au dix-neuvième siècle de corriger.

Ce dernier reproche est la suggestion directe du Romantisme. Elle fait au plus grand de nos siècles littéraires ce sort bizarre, de se voir pressé d'une part entre les revendications imaginées du Moyen-Age et l'éloge moderne et révolutionnaire de la nature et de la liberté.

Je ne répéterai pas que le décri de ce siècle compose aux conservateurs qui s'y adonnent une position fausse et humiliée ; je ne rappellerai pas le détriment qui s'ensuit jusque dans l'action politique. Un suffisant développement de ce point de vue a pris place dans les pages qui précèdent ; mais il faut ajouter un point, c'est que la cause du classicisme français, représentée par le dix-septième siècle, attaquée d'une part au nom de l'instinct de la race, de l'autre au nom de la liberté à laquelle le génie a droit, est la cause même de la civilisation.

J'ai démontré au chapitre précédent que l'esprit du Moyen-Age, qui contint en germe la Renaissance et qui en fait la préparation, ne peut fournir d'argument historique aux reproches qu'on oppose à celle-ci. Je veux faire voir maintenant, contrairement à ce qu'on pense, que les siècles issus de la Renaissance n'ont jamais méprisé ni haï le Moyen-Age.

La critique vit à cet égard sur un petit nombre de textes, qui reparaissent toujours les mêmes. Il en est de ces citations comme de celles que la Révolution allègue contre les abus de l'ancien régime. Deux sont de Boileau :

> Villon sut le premier dans ces siècles *grossiers*
> Débrouiller l'art confus de nos vieux romanciers...

De pèlerins, dit-on, une troupe *grossière*
En public à Paris y monta la première...

Telle est chez Boileau l'histoire des origines de la poésie française d'une part, du théâtre français de l'autre. Mais à l'allégation de ces textes, il ne faut répondre qu'une chose, c'est que Boileau n'est pas tout le siècle.

On objecte qu'il en est l'oracle. Pour l'érudition, pas du tout.

Une confusion chez nous engendre de grandes erreurs : c'est celle de l'érudition et du goût. Elle règne dans l'enseignement des classes ; on la proclame dans les principes, on la pratique dans l'application. On proclame en principe que le goût a fait son temps, et que le rapprochement historique doit tenir dans l'éducation la place des critiques d'ancien style. Mais cela n'est pas tout. Comme on n'a pu changer la nature des choses et faire que l'enseignement se passe d'une autorité intellectuelle, partant de jugements imposés, la critique littéraire dans les classes renaît sous des formes un peu différentes. Comme par le passé, on loue et on condamne, on critique et on admire, et ces décisions ainsi faites, on oblige les écoliers à s'y soumettre. Le prétendu respect de leur liberté d'esprit n'empêche pas de les contraindre en cela, étant entendu qu'on le fait au nom de la science, non d'aucun préjugé. L'ancienne contrainte avait paru odieuse, parlant au nom du goût et de ses principes ; la moderne devient légitime, s'exprimant au nom de l'histoire. On peut même assurer que les décisions du goût connaissaient des procédés et une tolérance dont les oracles de l'histoire s'affranchissent. Or ces jugements de l'histoire ne sont pas autre chose que plusieurs préjugés que l'enseignement moderne a l'art de faire passer sous ce nom. Ces préjugés s'imposent à l'écolier avec une raideur sans pareille.

De cette confusion suivent d'autres désordres. Nos maîtres de rhétorique ne savent pas l'histoire, je dis l'histoire de la littérature. Ce n'est pas leur métier, ils sont professeurs de goût. Ils n'ont lu ou ne sont obligés d'avoir lu que les meilleurs auteurs ; ils n'ont de devoir que de les expliquer. En confondant le rapprochement historique avec l'analyse littéraire, l histoire des lettres avec la présentation raisonnée des meilleurs ouvrages, en substituant l'un à l'autre, on a fait plus que de corrompre l'enseignement, on a brouillé jusqu'aux méthodes : les maîtres s'efforçant de suffire à l'une avec les propres moyens de l'autre. On ne saurait faire l'histoire des lettres françaises avec un choix des meilleurs livres français. Cependant c'est ce que nous voyons entreprendre. L'histoire des lettres sommée de se constituer avec les éléments d'un cours de poésie et d'éloquence : voilà ce que montrent nos programmes. On voit de cela les beaux effets.

Sous le nom d'idées d'un temps, le collège nous propose tout autre chose que ce que ce temps a pensé.

Il le propose de l'air le plus assuré du monde, de toute la certitude dont j'ai marqué l'outrance. C'est un premier effet de la confusion de méthode ; l'autre est que, n'admettant pas que personne fasse ou ait fait autrement, on s'en va requérir la connaissance des faits, de tous les auteurs qui, dans le passé, n'ont professé que le jugement des livres.

On demande à Boileau de connaître l'histoire des lettres. Boileau n'a point cette connaissance. On se fâche de ne pas la trouver chez lui. Celui qui s'en fâche ne l'ayant pas lui-même, ignore les auteurs qui, du temps de Boileau, professant autre chose que de bien écrire en vers, ont en effet connu ce qu'il ignora. En conséquence, l'ignorance de tout le siècle passe pour un fait indiscutable. Cependant cette ignorance n'existe que dans l'imagination de ceux qu'on oblige d'enseigner ce qu'ils ne peuvent savoir.

Ainsi, de la méconnaissance des droits du goût et de l'enseignement qu'il inspire, sortent, en même temps que le préjugé, l'intolérance et l'ignorance. C'est le plus beau résultat, chez les jeunes gens de France, des enseignements de la classe de rhétorique.

J'avoue qu'assez de maîtres corrigent dans la pratique cet effet de programmes barbares, et que la discipline qu'impose l'explication des auteurs grecs et latins, a pour effet d'y remédier en partie. Mais ces maîtres n'ont pas l'approbation des chefs. Une fois de plus ici, le bon sens de la nation lutte avec désavantage contre l'oppression des sectes (1).

Donc rien n'est plus fou que de confondre Laharpe et Quintilien avec M. Gaston Paris. L'objet de leur étude, la nature de leur curiosité, les aptitudes de leur jugement, sont différents. Boileau appartient au premier genre. Il y prime dans un degré presque unique d'excellence. Sur la matière proprement littéraire, il pense partout profondément. Le jour où plusieurs préjugés tomberont, ne doutons pas que l'Art Poétique ne voie rajeunir avec éclat sa gloire, et n'apparaisse ce qu'il est, c'est à savoir la synthèse la plus nette, la plus ramassée, la plus puissante qui soit, de toute la philosophie de l'art d'écrire en vers. Mais en ce qui concerne l'histoire, c'est à d'autres qu'il faut s'adresser.

Quand on considère que l'opinion a pu s'établir de nos jours que le dix-septième siècle a manqué de curiosité pour nos origines, et que cette opinion règne dans les classes, on ne peut peindre son étonnement. A quel point d'ignorance faut-il que les sphères instruites soient descendues? Quoi! Ducange, quoi! les Bénédictins n'ont pas été à cet égard d'incomparables curieux! Quoi! le Père Anselme, dont l'*Histoire généa-*

(1) M. Le Bidois a donné dans une thèse de Sorbonne un exemple de ce que peut être, ou plutôt continuer d'être, la critique littéraire, sous ce nom : *La Vie dans la tragédie de Racine*. Un professeur de Sorbonne influent, oracle appointé des études, appelle cette thèse « la thèse à ne pas faire ».

logique fait l'étonnement de tous les savants modernes, quoi ! Dom Bouquet, initiateur admirable de la publication des *Historiens Français*, sont à ce point inconnus de ceux qui prétendent savoir ! Et qu'est-ce que le *Glossaire* de Ducange ? et qu'est-ce que l'*Histoire littéraire de la France* ?

Ce goût de nos origines n'éclate pas moins à la Renaissance. On le trouve chez Fauchet, chez Pasquier. Celui-ci dans ses *Recherches sur la France*, le premier dans les *Origines de la Langue et de la Poésie française*, n'ont pas à cœur un autre objet. Il est plaisant, quand de pareils travaux signalent une époque, d'entendre mettre en doute son goût et ses aptitudes en ce qui regarde les antiquités.

Ceci ne concerne que l'histoire. Du côté de la poésie même, le dix-septième siècle nous présente tout autre chose que l'oubli des origines. Molière et Lafontaine ont puisé aux restes de notre ancienne littérature. Les farces, les fabliaux, ne leur étaient pas inconnus. Par le seizième siècle, qu'ils pratiquaient assidûment, nombre de leurs contemporains gardaient quelque contact avec le Moyen-Age, en particulier avec le Roman de la Rose, dont le souvenir n'était pas effacé. On imagine à peine aujourd'hui combien les auteurs du seizième siècle étaient lus alors. Montaigne fait, comme auteur dangereux, l'objet des reproches d'un sermon de Bossuet. Amyot, que, malgré tout l'étalage de l'érudition d'à présent, personne ne lit plus aujourd'hui,

Amyot dont il n'y a pas seulement aujourd'hui une édition dans le commerce, reçoit de Vaugelas, dans sa préface aux *Remarques*, des honneurs extraordinaires, et Racine était capable de traduire cet auteur en français moderne à livre ouvert, pour le divertissement de Louis XIV. Il est à peine besoin de parler du renom dont jouissait Rabelais.

Tout cela représente précisément le contraire d'un siècle qui n'eût connu que lui et les anciens, tel qu'on se plaît à nous le représenter. Il est certain que le goût faisait un choix, et que, du seul point de vue littéraire, on donnait peu d'estime aux plus anciens auteurs.

Je n'ai pas à présenter ici l'apologie de ces exclusions. On ne peut aucunement douter que des raisons de goût les aient dictées. Elles ne tiennent rien d'un mépris des anciens. Le mépris de Boileau pour « nos vieux romanciers » ne signifie pas plus le dédain du Moyen-Age, que sa condamnation de Ronsard ne signifie le mépris du temps de Henri II. Il jugeait des ouvrages en soi, comme un connaisseur fait des tableaux, et n'avait point d'égard à des liens historiques qui ne cadraient point à son dessein.

D'autres textes concernant les arts au Moyen-Age ont eu un retentissement plus grand. Il s'agit de ceux dans lesquels des auteurs comme Fénelon et Labruyère condamnent au nom du goût l'architecture gothique.

Je les rappelle ici :

Les inventeurs de l'architecture qu'on nomme gothique, dit Fénelon, et qui est, dit-on, celle des Arabes, crurent sans doute avoir surpassé les architectes grecs. Un édifice grec n'a aucun ornement qui ne serve qu'à orner l'ouvrage ; les pièces nécessaires pour le soutenir, comme les colonnes et la corniche, se tournent seulement en grâce par leurs proportions ; tout est simple, tout est mesuré, tout est borné à l'usage ; on n'y voit ni hardiesse, ni caprice qui impose aux yeux ; les proportions sont si justes que rien ne paraît fort grand, quoique tout le soit ; tout est borné à contenter la vraie raison.

Au contraire, l'architecture gothique élève sur des piliers très minces une voûte immense qui monte jusqu'aux nues ; on croit que tout va tomber, mais tout dure pendant bien des siècles ; tout est plein de fenêtres, de roses et de pointes ; la pierre semble découpée comme du carton ; tout est à jour, tout est en l'air.

On a dû faire, dit Labruyère, du style ce qu'on a fait de l'architecture ; on a entièrement abandonné l'ordre gothique, que la barbarie avait introduit pour les palais et pour les temples, on a rappelé le dorique, l'ionique et le corinthien.

Ces textes ont causé l'indignation de ceux que blesse l'abandon de l'architecture gothique dans les quatre derniers siècles de notre histoire. Le terme de barbare, qu'ils contiennent, a paru surtout exorbitant. J'ose assurer pourtant que ce qu'on en tire à la honte du dix-septième siècle, tient moins au vrai sens de ces textes qu'au préjugé ordinaire du lecteur.

Le mot de barbare, en effet, ne signifie pas que ces auteurs refusent toute sorte de mérite aux ouvrages dont il s'agit. La preuve en est dans ces citations mêmes, puisqu'en les appelant de ce nom ils ne laissent pas de les décrire en termes d'une singulière propriété. Fénelon n'omet aucun des caractères qui servent, chez les amis de l'architecture gothique, à vanter cette architecture. L'*immensité* des voûtes *qui montent jusqu'aux nues*, qui ne laissent pas, quoique portées sur des *piliers très minces*, de *durer bien des siècles*, qu'est-ce autre chose que le mérite reconnu des constructions gothiques? Il est vrai que Fénelon requiert, au nom du goût, un témoignage de blâme d'un tel mérite, dénonçant, selon l'expression ingénieuse d'un de nos amis (1), dans ce système, « un paradoxe de construction. » La pierre *découpée comme du carton*, qu'est-ce encore chez cet auteur que l'équivalent de ce qui s'entend chaque jour en façon d'éloge, dans la bouche de chacun : « C'est comme de la dentelle. » Autre motif de critique chez nos auteurs, il est vrai. Aussi ce que je prétends tirer d'eux, n'est-il pas un éloge de cette architecture, mais les preuves qu'en la critiquant ils ne laissent pas de la connaître, de l'examiner, de la décrire en termes exacts, qu'en un mot ce qu'ils professent à l'égard de cet art, n'est pas, comme on va le répétant, du *dédain*. Le dédain n'examine pas, le dédain ne se sert pas pour motiver son blâme, des mêmes considérants, donnés dans les mêmes termes, que ceux qui professent de l'estime.

(1) M. Louis Aguettant.

Or justement la ressemblance de ces termes est frappante. Toute la différence des jugements tient à des considérations de goût. Fénelon, Labruyère et leurs contemporains reprochent à l'art gothique de manquer de goût ; le terme de barbare chez eux ne signifie pas autre chose.

Nous le trouvons brutal ; c'est qu'il a changé de sens dans un siècle qui, ayant proclamé l'indifférence en matière de goût, ne peut persister à désigner par là que des difformités excessives. Dans un temps de goût châtié, au contraire, et de délicatesse réglée, tout ce qui choquait ces règles et cette délicatesse était qualifié de barbare. En taxant de barbare l'architecture gothique, on ne voulait dire autre chose, sinon que ces règles sont inconnues chez elle.

Je trouve de ceci un témoignage frappant dans quelques articles du P. Avril, jésuite sécularisé sous le nom de l'abbé Mai, parus dans le *Journal de Trévoux*, puis réunis sous ce titre : *Temples anciens et modernes*, en 1771. Voici de quel ton vigoureux cet auteur prend la défense des architectes gothiques contre quelques ignorants détracteurs qui les accusaient de ne pas savoir calculer :

Il est plus que probable, dit l'abbé Mai, que dans le treizième et le quatorzième siècle les architectes d'Allemagne n'adressaient point à ceux de Paris des problèmes de géométrie. Je crois aussi sans peine qu'ils n'employaient pas pour calculer les formules algébriques *a* plus *b* égal à *c*. Mais quoi ! était-ce donc à l'aventure que ces habiles et hardis bâtisseurs tenaient les points d'appui de leurs arcs-boutants plus près ou plus loin des murs qui partaient des voûtes ? qu'ils donnaient ou ne donnaient pas de l'empattement aux bases de ces points d'appui, etc... ? De pareilles opérations pouvaient-elles n'être pas nécessairement précédées de combinaisons géométriques et physiques ? On en découvre de si belles et de si justes dans nos temples gothiques, que je ne puis, je l'avoue, souscrire à l'opinion qui refuse à leurs architectes la science du calcul (1).

Après une si fameuse défense, on ne songera pas à accuser cet auteur de mépris pour l'art du Moyen-Age. On ne prétendra donc pas trouver aucun témoignage de mépris dans ce qui suit, que je tire du même ouvrage :

Si en architecture le goût consiste dans un juste rapport de proportions qui réponde à l'idée que nous avons de l'ordre, dans un choix et une distribution d'ornements imités des beautés riches et simples de la nature, il est certain que les architectes en gothique, de quelques pays qu'ils aient été, ont eu beaucoup de science et n'ont point eu de goût (2).

Voilà le vrai tableau de l'opinion des siècles passés sur cette matière. Encore un coup, il ne saurait empêcher ceux qui demandent pour nos cathédrales plus d'honneur, de se plaindre d'un dégoût qu'ils trouveront injuste. Du moins, ce dégoût n'a-t-il rien d'injurieux, et on ne saurait prétendre qu'il accuse une hostilité de la France des derniers siècles contre l'ancienne, une rupture au sein de notre histoire.

(1) P. 272.
(2) P. 153.

Aussi se tromperait-on fort de croire que des livres destinés au gros du public, les guides des voyageurs par exemple, aient instruit le procès en règle des monuments de l'architecture gothique. Les plus fameux échantillons de celle-ci continuaient de jouir d'un grand crédit. Le renom des flèches d'Anvers et de Strasbourg est bien antérieur à notre siècle. Il est de l'époque classique et n'a jamais cessé. Voici comment un petit livre de ce genre, le plus complet et le plus en vogue qu'il y ait eu au dix-huitième siècle, le *Voyage de Paris* de Dargenville, paru en 1765, parle de Notre-Dame de Paris :

L'église de Notre-Dame, quoique d'une architecture gothique, a quelque chose de si hardi et de si délicat, qu'elle a toujours été regardée comme une des plus belles du royaume.

« Hardi et *délicat* » : Verlaine n'eût pas autrement dit. En face de cela, qu'on mette les propos de nos guides Joanne sur la chapelle de Versailles, ceux de Hugo dans le chapitre de *Ceci tuera cela*, sur tous nos édifices classiques : alors on pourra comparer ce qui proprement constitue le dénigrement du passé et une rupture révolutionnaire, avec le respect des renommées acquises et du goût traditionnel, jusque dans le renouvellement des principes et des maximes du goût.

Je ne quitterai pas ce point sans avouer que la façon vive et impertinente de Voltaire a de quoi faire prendre le change à cet égard. Les mots de *barbarie* et de *barbare*, appliqués aux ouvrages de l'esprit, retentissent chez lui avec une violence méprisante. Cette violence tient au travers de pédanterie qui fait enfler la voix à Voltaire, partout où la littérature et les arts sont en cause. En eux se résument à ses yeux les premières affaires de l'État. Le mauvais état des lettres chez un peuple le lui fait condamner sans partage. Voltaire avoue dans la préface de l'*Essai sur les Mœurs*, que seuls comptent aux regards de l'histoire les trois ou quatre siècles où les arts ont jeté le plus vif éclat. L'importance donnée à ces matières de goût, dans un temps où le Moyen-Age y fut réputé inférieur, devait faire de cette époque un objet d'invectives pour un auteur de cette espèce. Elles ne sont l'effet d'aucun mépris redoublé pour les ouvrages de l'art au Moyen-Age, mais d'un parti pris général d'anathème contre les siècles où ces ouvrages ont offensé les lois du goût. Mais comme cette pédanterie ne se trouve que chez Voltaire et chez les plus badauds du temps, qui crurent distingué de l'imiter en cela, on ne trouve que chez lui ces excès.

Il faut maintenant passer à ce qu'il y a de général dans le reproche qu'on fait à nos lettres classiques d'avoir dédaigné l'héritage national. Ce reproche tient à un préjugé qu'il importe absolument de combattre.

On veut n'imaginer de notre temps les œuvres de la littérature et des beaux-arts que comme une production organique. Elles ne seraient l'œuvre que de l'instinct. Prédestinées dans leur caractère, fatales dans leur évolution, l'étude que la critique en fait imiterait un chapitre de l'histoire naturelle. Comme le disait autrefois l'un de nous, au sortir d'une leçon de Sorbonne consacrée à l'éloge de la Grèce : « L'art grec est une sécrétion. » Cette charge burlesque résumait à merveille l'enseignement que nous venions d'entendre.

Sécrétion de la race, prise ici comme équivalent de la nation. Toutes ces idées se tiennent, et le préjugé n'a garde d'exclure la volonté, la réflexion et l'ordre de la production des ouvrages d'esprit, pour en tolérer la présence dans la source dont on dit qu'elles émanent. La race, c'est la nation débarrassée de ces choses, réduite au résultat de ce qu'on croit la nature. L'instinct de nature, voilà l'art, le voilà selon nos idées modernes.

Imaginez de ce point de vue les critiques qu'on peut faire de notre littérature. Elle n'est pas nationale. Ce qui lui sert d'aliment vient de réflexion et d'artifice. Les sujets qu'elle traite sont étrangers, les formes qu'elle épouse sont apprises ; tous ces traits sont le contraire de ce qu'on attendrait d'elle, de ce qu'elle n'aurait pas manqué d'être, si la nation, non des lettrés, le peuple, non des cercles choisis, en avait été l'ouvrier. Voilà ce qu'on dit, entendant sous le nom de peuple tout ce qui se peut de plus étranger à la culture, à l'application réfléchie, à la production réglée et volontaire. On exprime assez souvent cette idée en assurant qu'il faut que la littérature *sorte des entrailles* de la nation ou du peuple.

Cela est au mieux ; mais cette littérature, cette poésie, cette éloquence, ces arts sortis d'une pareille source, la critique est encore à en présenter des exemples. On ne l'a vue nulle part, en aucun temps. Quelque temps on a cru la trouver dans Homère. Ne sachant rien de ce poète, on pouvait tout en supposer. Cette supposition passait pour preuve, preuve unique en son genre, du reste. A la fin, ce caractère d'exception a fait douter que les choses eussent été ainsi. On s'est avisé que la bonne méthode, pour inférer ce qu'on ignorait d'Homère, n'était pas de lui prêter ce qu'on n'a vu nulle part. On commence à changer d'avis à cet égard : on en changera de plus en plus. De plus en plus on s'en tiendra au mot excellent de Tourguénief : « Le sentiment du beau et de la poésie ne peut naître et se développer que sous l'influence de la civilisation. Ce qu'on appelle œuvre nationale et spontanée, *n'est que niaiserie.* »

Jamais et nulle part (c'est un fait d'expérience) la littérature n'est venue de ce qu'on appelle le peuple. Jamais quoi que ce soit de digne d'attention en ce genre n'est venu d'une société dépourvue de culture. Il faut que la critique romantique et démocratique en prenne son parti. Ce qu'elle tire du principe contraire d'accusations contre nos lettres classiques, il faut qu'elle renonce à l'appuyer sur l'expérience.

Conçues et cultivées en dehors du peuple, dit-on, elles ont le tort pareil de ne pas s'adresser au peuple, de ne pas pouvoir être comprises de lui. Sainte-Beuve, qui à ses débuts a écrit de grandes sottises, assurait qu'en Allemagne, le dimanche, « une servante lit Schiller et l'entend ». Cela n'est certainement pas, à l'égard de Racine, le cas des servantes françaises.

Mais la servante qui lit Schiller n'a pas encore été découverte en Allemagne, et tout ce qu'il y a de triviale déclamation chez ce poète, ne lui a pas valu un honneur qui manque aux nôtres, je l'avoue. Mais quel reproche est-ce qu'on leur fait ? S'imagine-t-on que le commun des Anglais lit Shakespeare ?

J'accorde qu'un auteur adopté, qui devient un symbole de l'esprit de la nation, et qui dans l'ordre intellectuel figure un pendant au drapeau, est pour un peuple un bien inestimable. L'édition illustrée de Shakespeare qui, sous le nom d'*édition de l'Empire*, figure étalée sur les tables des derniers pionniers du Kansas et au milieu des nègres de Boulouvayo, représente une force nationale. Mais elle ne suppose rien de ce qu'on imagine. Personne ne lit ce Shakespeare-là ; on ne l'a qu'en signe profond et délicat d'union avec la métropole. Pour qu'un poète ou quelque écrivain tienne cette place, il n'est pas nécessaire que le peuple l'ait choisi ; il suffit que l'opinion lettrée le lui impose.

Il n'est pas davantage nécessaire que cet auteur ait chanté des héros nationaux. Hamlet ni le roi Lear, ni Othello, ni Macbeth ne sont des héros nationaux de l'Angleterre. Ce ne sont pas les Henri V et les Henri VI qui ont fait le renom de Shakespeare. A la folie de croire que le peuple fait la réputation d'un poète, on joint celle de s'imaginer que le peuple ne la fait qu'aux récits nationaux. Cela n'est pas plus conforme aux faits. Là-dessus on fait querelle à nos poètes classiques de n'avoir pas suivi l'exemple des chansons de geste, *épopées nationales*, dit M. Léon Gautier.

J'ai remarqué la facilité avec laquelle le peuple avait oublié ces épopées, oublié Roland pour Arthur, qui n'est aucune sorte de héros national chez les Français, qui ne l'est pas même chez les Bretons, si, ce qui paraît probable, sa légende ne remonte pas plus haut que Geoffroy de Monmouth. Le peuple de France, dis-je, oublia ses héros, au point que nous trouvons dans la bouche du roi Jean (au passage précédemment cité) le mélange adultère de ceux-ci avec ceux de la Table Ronde, dans le rapprochement de Gauvain et de Roland.

« Les théoriciens de l'épopée, dit M. Bréal dans un livre récent, intitulé *Pour mieux comprendre Homère*, aiment à la mettre en rapport avec quelque grand événement historique. Le Ramayana serait un souvenir de la conquête de Ceylan par la race bramanique, les Finnois auraient immortalisé dans leur poème la mémoire de leur lutte contre les Lapons, et ainsi des autres. Mais l'historien qui s'applique à ne point substituer sa pensée à celle des textes, se demande s'il peut souscrire à cette interprétation. » Et il ajoute que l'Iliade elle-même n'a jamais rapporté un événement national des Grecs.

Que faisait en effet Troie aux Athéniens ? Leurs héros étaient Thésée et Erechthée. Le même auteur ajoute non sans ironie :

« Nous reconnaissons cependant qu'il y a quelque chose de vrai dans cette association, qui rattache l'épopée à un grand événement historique. *Mais* cela est vrai seulement *de l'épopée savante.* » Et il cite Virgile et l'Enéïde.

Ainsi ce qu'on nous présente comme devant être l'œuvre de la nature et l'effet fatal de l'instinct, apparaît comme celui d'une culture raffinée, et des desseins de la politique chez le plus volontaire des peuples.

Tout cela n'a pas empêché que les Grecs n'aient adopté Homère, comme les Anglais ont fait Shakespeare. Il n'a tenu qu'à nous de les imiter en adoptant Racine ou Lafontaine. Au demeurant, cette adoption était faite, tous les Français savaient par cœur le songe d'Athalie et la mort d'Hippolyte. On a rompu cette unanimité, en proposant de nouveaux poètes « nationaux », Béranger d'abord, Hugo ensuite. Ces intrus ont chassé Racine. Ils l'ont chassé d'une place que l'un a perdue sans retour, et que l'autre se montre déjà incapable de conserver.

C'est assez sur le point de nationalité. Celui du paganisme n'est pas plus raisonnable.

Ceux qui s'y attachent croient reprendre dans la mythologie antique un attirail arbitraire de la poésie classique. Ils s'imaginent qu'il n'a tenu qu'à nos auteurs de s'en passer. Pour en concevoir le vrai, je leur proposerai d'abord une remarque empruntée au domaine de l'éducation. Dans la formation d'un jeune esprit, la lecture de cette mythologie a d'autres effets encore que le divertissement ; elle fournit aux enfants la clef de tout le langage figuré. Les figures sont un des obstacles à la lecture des enfants, qui les saisissent difficilement. La mythologie, par l'habitude qu'elle donne de ses personnifications de tout dans la nature, éléments, sentiments, caractères, professions, fait que cette difficulté cesse. Dire par exemple que le remords poursuit le coupable, c'est parler de façon claire pour l'enfant qui, sachant que les Furies personnifient le remords, n'a pas de peine à concevoir l'action d'une personne chez celui-ci.

Cette simple remarque contient toute la vertu de la mythologie. Elle est un répertoire de métaphores réglées, et, s'il est vrai que dans la figure consiste toute la poésie, elle est, dis-je, l'instrument même de la poésie mis en système. Je n'assure pas que les dieux des anciens ne sont pas autre chose que des métaphores, des allégories réalisées, mais, en étant autre chose, ils sont cela ; et c'est ce qui de tout temps, et chez les modernes mêmes, a marqué leur place en poésie. Quelqu'un dira : Est-il vrai ? Sans la mythologie des Grecs, pas de poésie ? Je réponds : Grec ou non, il faut au poète une réserve, un magasin de métaphores. Les Grecs nous la fournissent Si cela vous offense, inventez-en une autre ; mais souvenez-vous que les Grecs y ont mis quelques siècles, et qu'ils ont rencontré pour cela des facilités qui nous manquent.

Voilà ce que Boileau exprime parfaitement dans un passage de son Art Poétique qu'on ne saurait trop relire et méditer :

Chaque vertu devient une divinité :
Minerve est la prudence, et Vénus la beauté.
Ce n'est plus la vapeur qui produit le tonnerre,
C'est Jupiter armé pour effrayer la terre.
Un orage terrible aux yeux des matelots,
C'est Neptune en courroux qui commande les flots.
Écho n'est plus un son qui dans l'air retentisse,
C'est une nymphe en pleurs qui se plaint de Narcisse.
Ainsi dans cet amas de nobles fictions,
Le poète s'égaie en mille inventions,
Orne, élève, agrandit, embellit toutes choses,
Et trouve sous sa main des fleurs toujours écloses.
Qu'Enée et ses vaisseaux, par le vent écartés,
Soient aux bords Phrygiens d'un orage emportés,
Ce n'est qu'une aventure ordinaire et commune,
Qu'un coup peu surprenant des traits de la fortune ;
Mais que Junon, constante en son aversion,
Poursuive sur les flots les restes d'Ilion,
Qu'Eole, en sa faveur les chassant d'Italie,

Ouvre aux vents mutinés les prisons d'Eolie,
Que Neptune en courroux, s'élevant sur la mer
D'un mot calme les flots, mette la paix dans l'air,
Délivre ses vaisseaux, des Syrtes les arrache,
Voilà ce qui surprend, frappe, saisit, attache.
Sans tous ces ornements, le vers tombe en langueur,
La poésie est morte ou rampe sans vigueur.

On a beaucoup critiqué ce passage. Les maîtres ont enseigné dans les classes que Boileau n'avait pas compris la nature de la mythologie antique. Il ne sera donc pas inutile de requérir ici une fois de plus l'autorité du livre de M. Bréal, et de montrer à quelles conclusions la critique, désabusée d'un siècle d'impertinences, est justement en train de revenir.

« On a remarqué, dit cet auteur, justement, que les dieux sortis de l'imagination populaire seraient bien étonnés de voir l'existence oisive qu'on mène sur l'Olympe homérique. Les dieux populaires ont à gagner leur vie, ils vont à la chasse et à la pêche, ils travaillent à la terre ou dans les mines... » L'Olympe homérique est tout le contraire, partant visiblement l'effet de l'invention des lettrés et des poètes. M. Bréal cite au contraire Saturne, Cérès (des dieux latins) comme issus de la fantaisie du peuple. Il continue :

« A côté des divinités anciennes, mises en quelque sorte au repos, il s'en trouve chez Homère de nouvelles, *produit de la réflexion*, dont le nombre peut s'accroître à toute heure, sous l'impulsion de la pensée du moment. Telles sont la Justice, θέμις, les Prières,

Λίται, les Grâces, Χαρίτες, la Discorde, Ἔρις. » Boileau a donc toutes les raisons de continuer :

> C'est donc bien vainement que nos auteurs déçus,
> Bannissant de leurs vers ces ornements reçus,
> Pensent faire agir Dieu, ses saints et ses prophètes,
> Comme des dieux *éclos du cerveau des poètes...*
> De la foi d'un chrétien les mystères terribles,
> D'ornements égayés ne sont pas susceptibles.

M. Léon Gautier s'écriait : Comment Dieu ne serait-il pas poétique ? Autrement dit : quand l'histoire des faux dieux fournit de couleurs la poésie, pourquoi la vérité, à laquelle en tant que vérité ces couleurs manquent, n'en fournirait-elle pas autant ?

On a pensé convaincre Boileau par les effets ; on a tenté l'entreprise impossible de l'épopée homérique chrétienne. Le dessein des *Martyrs* chez Chateaubriand est pour moitié celui de contredire Boileau. Il faut voir quels beaux résultats et quelle triomphante démonstration offre, par exemple, cette description du Paradis, au livre III de ce roman épique :

> Là règnent suspendues *des galeries de saphirs et de diamant* faiblement imitées par le génie de l'homme dans les jardins de Babylone ; là s'élèvent *des arcs de triomphe* formés des plus brillantes étoiles, là s'enchaînent *des portiques de soleils*.

Toute cette mascarade fait pitié. Dans ce qui suit, le style de guide Joanne fait rire ;

> Des tabernacles de Marie *on passe* au sanctuaire du Sauveur des hommes ; il est assis à une table mystique... Le Père *habite au*

fond des abîmes de la vie. Là s'accomplit le mystère de la Trinité.

Quel mystère ? Les trois Personnes, quelque temps séparées, se réunissent. « Le Saint-Esprit remonte pour s'unir. » Alors, sans doute pour avertir les profanes de n'entrer pas, « un triangle de feu se montre sur la porte ».

On conviendra que ces inventions dépassent les limites du grotesque. Pour un chrétien, elles vont jusqu'à l'odieux, et l'on ne peut s'empêcher de dire avec Boileau, qui les avait prévues :

...... De vos fictions le mélange coupable
Même à ses vérités donne l'air de la fable.

Voltaire remarque avec finesse, dans l'improvisation de ces mythologies chrétiennes, un inconvénient d'un autre genre. Parlant du *Paradis perdu :* « Les critiques les plus judicieux, dit-il, ont regardé comme une grande faute contre le goût la peine que prend Milton de peindre le caractère de Raphaël, de Michel, d'Abdiel, d'Uriel, de Moloch, de Nisroth et d'Astaroth : tous êtres imaginaires dont le lecteur ne peut se former aucune idée et auxquels on ne peut prendre aucun intérêt. *Homère, en parlant de ses dieux, les caractérisait par leurs attributs qu'on connaissait ;* mais un lecteur chrétien a envie de rire, quand on entreprend de lui faire connaître à fond Nisroth, Moloch et Abdiel. »

Aussi bien quittons l'épopée. Est-ce que les poètes du dix-septième siècle ont manqué de tirer de la religion le sujet de leurs ouvrages quand l'occasion paraissait favorable ? Corneille n'a-t-il pas fait *Polyeucte*, Racine *Esther* et *Athalie* ? Ne sont-ce pas trois chefs-d'œuvre de notre ancien théâtre, à compter dans la douzaine des ouvrages de tout premier rang qu'il présente ? Trouvera-t-on cette proportion faible ? Et qu'est-ce que les *Hymnes du Bréviaire* de Racine, la lyrique de Rousseau, et ce qu'on trouve d'odes bibliques chez Malherbe, et que Lamartine, en ce genre, n'a fait que continuer ?

A l'égard du prétendu faux goût, on pourra trouver que le siècle de Louis XIV se défend assez bien par ses ouvrages. Tout ce qu'on reproche au système dont ils sont issus, ne les empêche pas d'être ; par là, il est au moins prouvé que ce système n'empêchait pas les chefs-d'œuvre de se produire. On réplique qu'il n'y servait de rien. Mais l'abandon qu'on en a fait ne nous a pas mis en train de revoir les pareils. Ce siècle demeure au-dessus de toute comparaison avec ce qu'on a vu depuis.

J'ai touché dans ce qui précède l'apologie de Boileau, de son goût et de ses lumières. Je n'y veux ajouter qu'un mot d'admiration pour les *Réflexions sur Longin*, véritable arsenal de remarques et d'analyses capables de trouver place dans les discussions qu'on regarde quelquefois comme nouvelles, et de les résoudre parfaitement. Puis n'oublions pas que de séparer Boileau de ces contemporains les plus vantés, ne se peut, de l'aveu de ses contemporains même. Molière se soumettait chez lui à correction : nous connaissons des vers de ses comédies retouchés de la main même de Boileau, et Lafontaine déclarait l'admiration la plus vive pour des périphrases dont on se moque.

> Et nos voisins frustrés de ces tributs serviles
> Que payait à leur art le luxe de nos villes.

Voilà ce qu'admirait Lafontaine, ce qu'il eût voulu avoir fait. Que de pareils témoignages nous rendent circonspects, et nous fassent douter quelquefois du sérieux de tant de critiques superbes, répandues par des gens qui se vantaient d'être fous, comme le dernier mot de la raison.

A ce faux goût dans les lettres, on joint naturellement le reproche du faux goût dans les arts. L'architecture des derniers siècles se voit décrier de deux manières, par la comparaison de la gothique, triomphante dans nos cathédrales, et par un corps de principes qu'on prend de nos jours pour ceux de la raison et qui ne sont que ceux d'un système.

Je veux parler des fameuses règles de construction rationnelle que tous les gens instruits ont maintenant à la bouche : comme de ne pas employer des colonnes au-devant d'un mur parce que le mur suffit à porter l'édifice et rend les colonnes inutiles, de rejeter les colonnes torses comme contraires à l'idée de la stabilité, de ne disposer pas les colonnes par couples, parce qu'un seul point d'appui suffit, etc. Ces lieux communs de la critique moderne ont un tort, c'est d'oublier que l'art étant feinte d'une part et ornement de l'autre, il ne saurait imposer des règles étroitement calquées sur la réalité, ni mépriser ce qui décore.

La *Grammaire des Arts du dessin* de Charles Blanc a répandu ces idées dans le monde. Lui-même les avait prises de Laugier, jésuite sécularisé, qui publia en 1753 un *Essai sur l'Architecture*, et mérite d'être dit l'inventeur du système. Tout est parti de ce livre-là. Une fausse apparence de logique en a poussé les conclusions dans le monde (1).

Viollet-le-Duc y a joint la loi qui prétend régler l'architecture sur les climats auxquels elle est destinée. Autre fête des esprits systématiques et vains. L'histoire de l'art tout entier la dément, puisque l'architecture romaine a en effet triomphé partout, depuis Tombouctou jusqu'à Uleaborg, et que les commodités qu'elle offre rendent en fait son règne définitif.

Joignez la symbolique des architectures, dont Charles Blanc fait tant de mystère, en vertu de laquelle la destination d'un édifice doit se rendre

(1) V. l'appendice à la fin de l'ouvrage.

sensible dans sa forme et dans ses façades. Faut-il avouer que tout n'est pas faux dans ce principe, et que c'est manquer de goût que d'orner une église dans le genre d'une maison de campagne? Il y a des édifices qui veulent de l'ornement; d'autres requièrent d'abord la majesté. Mais je le demande, quelle différence s'agira-t-il de garder entre un hôtel des Monnaies et une bibliothèque? Nos architectes s'y mettent l'esprit à la torture, et enfantent des monstres. C'est que cette remarque du goût est d'emploi trop restreint pour être utilisée à titre de principe.

Revenant là-dessus aux édifices gothiques, on n'a pas manqué d'assurer que leur style était seul convenable quand il s'agit de bâtir des églises, parce que seul il exprime le sentiment religieux : de sorte que tout ce qui se bâtit en ce genre sous Louis XIV et depuis la Renaissance, mérite d'être condamné.

C'est munis d'un pareil principe que les gens instruits qui vont en Italie, en reviennent aujourd'hui avec la condamnation en règle de tous les monuments religieux de Rome et d'ailleurs, à commencer par Saint-Pierre-au-Vatican. Mais il y a deux choses à remarquer là-dessus. C'est d'une part que cette idée est toute récente, que les architectes gothiques eux-mêmes ne l'ont pas eue, n'ont pas soupçonné que les formes qu'ils employaient eussent un caractère intrinsèquement religieux. La preuve, c'est qu'ils n'ont pas manqué de bâtir du même style des hôtels de ville, des Poids publics et des hôtels particuliers. La seconde remarque, c'est que personne n'a pu dire en quoi les sentiments religieux trouvaient dans cette architecture une convenance exceptionnelle. Car on ne peut regarder comme une explication sérieuse à cet égard, que les flèches des cathédrales portent la prière dans le ciel, ni, comme dit quelque part Nisard, que les colonnettes s'y dégagent des piliers comme le dogme catholique de l'hérésie.

La majesté des cathédrales convient éminemment à leur usage ; elles sont en fait les édifices les plus grandioses que la France possède en ce genre ; mais ni cette convenance n'est exclusive de convenances pareilles venant d'un autre style, ni cette prépondérance de fait ne doit être confondue avec une nécessité de raison. C'est parler bien légèrement que de dire que Sainte-Marie-Majeure, Saint-Pierre-au-Vatican, le Val-de-Grâce ou les Invalides manquent de la dignité requise pour une église.

Tels sont les divers aspects du préjugé qui s'acharne depuis un siècle au discrédit de notre art classique. Son seul effet n'est pas de couper la France en deux : avec le mépris de quelques-uns de nos plus beaux édifices, il en a causé l'abandon et plusieurs fois la destruction. Le dôme des Invalides saccagé pour le tombeau de Napoléon, l'hôtel de la Bibliothèque privé d'une décoration, dont l'amateur étranger recueillait avec empressement les débris, l'admirable château de Maisons, chef-d'œuvre unique de François Mansart, sur le point d'être démoli il y a deux ans, sans que le gros du public instruit soupçonnât l'importance de cette ruine : voilà de dignes effets du même aveuglement qui fait décrier la merveille de la colonnade du Louvre ; voilà les résultats de l'erreur dont la Renaissance est la victime.

J'y ajouterai le discrédit de Versailles. L'honneur commence à lui revenir. Pendant plus d'un demi-siècle, cet ouvrage magnifique de nos rois, unique au monde, lieu de choix, vrai séjour de la fierté nationale, où le Français prend de la grandeur de sa patrie une idée incomparable, a servi de point de mire à ce que la récrimination révolutionnaire a pu fournir de critiques plus pédantes, et de plus plates épigrammes. Qui dira ce qu'une erreur pareille ôte de force à l'amour éclairé du pays, ce que le retour à de justes admirations sera capable de nous rendre à cet égard ?

FIN DU PREMIER VOLUME.

TABLE DES MATIÈRES

INTRODUCTION. — L'histoire de France et la Révolution. 7
CHAPITRE Ier. — Le celtisme. — La conquête romaine. 35
CHAPITRE II. — Le germanisme. — I. La conquête franque. 60
CHAPITRE III. — Le germanisme. — II. Les Carlovingiens. 69
CHAPITRE IV. — Sur la monarchie capétienne. — I. Le prégugé démocratique et le mépris de la fonction royale. 116
CHAPITRE V. — Sur la monarchie capétienne. — II. Le préjugé économique et le mépris de l'œuvre militaire. 144
CHAPITRE VI. — Sur la monarchie capétienne. — III. Le préjugé féodal et le mépris de l'ordre administratif. 169
CHAPITRE VII. — La diffamation du servage. 195
CHAPITRE VIII. — La querelle de la Renaissance. — I. Les origines : le seizième siècle. . 225
CHAPITRE IX. — La querelle de la Renaissance. — II. Les suites : le dix-septième siècle et le dix huitième siècle. 253

Poitiers. — Société française d'Imprimerie et de Librairie.

NOUVELLE LIBRAIRIE NATIONALE

PARIS — 85, Rue de Rennes — VIe Arr.

COMTE DE CHAMBORD, COMTE DE PARIS, DUC D'ORLÉANS : **La Monarchie Française.** *Lettres et documents politiques* (1904-1867), avec une préface du DUC D'ORLÉANS, ouvrage illustré de trois portraits.

Un vol. in-8° écu, broché. **3 50**

LOUIS DIMIER : **Les maîtres de la contre-Révolution au XIXe siècle** : *J. de Maistre, Bonald, Rivarol, Balzac, Courier, Sainte-Beuve, Taine, Renan, Fustel de Coulanges, F. Le Play, Proudhon, les Goncourt, Veuillot.*

Un vol. in-18 jésus. **3 50**

G. DE PASCAL : **Lettres sur l'Histoire de France** ; préface de PAUL BOURGET, de l'Académie française.

Tome premier : *Des origines à Henri IV.*
Tome second : *De Henri IV à nos jours.*

Chaque vol. in-18 jésus, broché. . . . **3 50**

D. RICHARD-COSSE : **La France et la Prusse avant la guerre.**

Tome premier : *La politique de Sadowa.*
Tome second : *La politique de Sedan.*

Chaque vol. in-18. . . . . **3 50**

JACQUES BAINVILLE : **Bismark et la France**, d'après les Mémoires du Prince DE HOHENLOHE : *Les souvenirs de M. de Gontaut-Biron et sa mission à Berlin. — Les idées napoléoniennes et l'unité allemande. — Les alliances de 1870. — Les difficultés de l'unité allemande. — La jeunesse et les premières armes de Bismark. — Le centenaire d'Iéna.*

Un vol. in-18 jésus. **3 50**

CHARLES MAURRAS : *Le dilemme de Marc Sangnier* : **Essai sur la** [illegible]

Un vol [illegible] **3 50**

www.ingramcontent.com/pod-product-compliance
Ingram Content Group UK Ltd.
Pitfield, Milton Keynes, MK11 3LW, UK
UKHW020110200726
13856UKWH00002B/477

9 782011 916273